民国大师经典书系

大师

傅斯年／著

傅斯年说中国史

北京理工大学出版社

图书在版编目（CIP）数据

傅斯年说中国史 / 傅斯年著. — 北京：北京理工大学出版社，2016.6（2023.2重印）

ISBN 978-7-5682-2094-1

Ⅰ．①傅… Ⅱ．①傅… Ⅲ．①中国历史—文集 Ⅳ．①K207-53

中国版本图书馆CIP数据核字（2016）第062558号

出版发行 / 北京理工大学出版社有限责任公司

社　　址 / 北京市海淀区中关村南大街5号

邮　　编 / 100081

电　　话 / （010）68914775（总编室）

　　　　　（010）82562903（教材售后服务热线）

　　　　　（010）68948351（其他图书服务热线）

网　　址 / http://www.bitpress.com.cn

经　　销 / 全国各地新华书店

印　　刷 / 三河市嵩川印刷有限公司

开　　本 / 889毫米×1194毫米　　1/32

印　　张 / 6　　　　　　　　　　　　　　　　责任编辑 / 刘永兵

字　　数 / 115千字　　　　　　　　　　　　　文案编辑 / 刘永兵

版　　次 / 2016年6月第1版　2023年2月第2次印刷　责任校对 / 周瑞红

定　　价 / 39.80元　　　　　　　　　　　　　责任印制 / 边心超

目　录

夷夏东西说

这一篇文是我在"九一八"以前所作《民族与古代中国史》一书的第三章。这一书已成之稿，大致写在"九一八"前两年至半年间。这三章是二十年春天写的，因时局的影响，研究所迁徙两次，我的工作全不能照预定呈规，所以这一本书始终不曾整理完。现在把其中的三章，即本文的三章编成一文，敬为蔡孑民师寿。因为本是一部书，所以中间常提到他章，现在改作"别见某文，未刊"。这一篇中的中心思想，是我十余年前的见解，此数章写成亦在数年前。这几年中我没有在这一线上用工夫，所以除字句略加修正及末一节以外，几全是当年的原文。此文本应附图，现在亦来不及作了。

二十三年十月

自东汉末以来的中国史，常常分南北，或者是政治的分裂，或者由于北方为外族所统制。但这个现象不能倒安在古代史上。到东汉，长江流域才大发达。到孙吴时，长江流域才有独立的大政治组织。在三代时及三代以前，政治的演进，由部落到帝国，是以河、济、淮流域为地盘的。在这片大地中，地理的形势只有东西之分，并无南北之限。历史凭借地理而生，这两千年的对峙，是东西而不是南北。现在以考察古地理为研究古史的一个道路，似足以证明三代及近于三代之前期，大体上有东西不同的两个系统。这两个系统，因对峙而生争斗，因争斗而起混合，因混合而文化进展。夷与商属于东系，夏与周属于西系。以下四章是为求能证明这个设定而写的。先从商代说起，上溯夏后世者，因为后王事迹多，容易看清楚，先讨论他，于了解此文之命意上似乎便当些。

一、亳—商—殷

（一）商代发迹于东北渤海与古兖州是其建业之地

下列数事，合起来可证成本节标题所假定。

甲 《诗·商颂》："天命玄鸟，降而生商。"又，"有娀方将，帝立子生商。"这个故事的意义，可以《吕氏春秋·音初篇》所记说明之。

> 有娀氏有二佚女，为之九成之台，饮食必以鼓。帝令燕往视之，鸣若谥隘。二女爱而争搏之，覆以玉筐。少选，发而视之，燕遗二卵北飞，遂不反。二女作歌，一终日："燕燕往飞。"实始作为北音。

《商颂》中所谓"玄鸟"及"有娀"之本事,当即此说之内容。此一神话之核心,在于宗祖以卵生而创业。后代神话与此说属于一源而分化者,全在东北民族及淮夷。现在将此神话之重要材料录于下方。

《论衡·吉验篇》北夷橐离国王侍婢有娠,王欲杀之。婢对曰:"有大气如鸡子,从天而下,我故有娠。"后产子,捐于猪溷中,猪以口气嘘之,不死。复徙置马栏中,欲使马藉杀之,马复以口气嘘之,不死。王疑以为天子,令其母收取,奴畜之,名东明,令牧牛马。东明善射,王恐夺其国也,欲杀之。东明走,南至掩淲水,以弓击水,鱼鳖浮为桥,东明得渡。鱼鳖解散,追兵不得渡,因都王夫余,故北夷有夫余国焉。(《魏志》三十《夫余传》注引《魏略》同。)

《魏书·高句丽传》高句丽者,出于夫余。自言先祖朱蒙。朱蒙母河伯女,为夫余王闭于室中,为日所照,引身避之,日影又逐。既而有孕,生一卵,大如五升。夫余王弃之与犬,犬不食。弃之与豕,豕又不食。弃之于路,牛马避之。后弃之野,众鸟以毛茹之。夫余王割剖之,不能破,遂还其母。其母以物裹之,置于暖处,有一男破壳而出。及其长也,字之曰朱蒙。其俗言朱蒙者,善射也。

夫余人以朱蒙非人所生，将有异志，请除之。王不听，命之养马。朱蒙每私试，知有善恶，骏者减食令瘦，驽者善养令肥。夫余王以肥者自乘，以瘦者给朱蒙。后狩于田，以朱蒙善射，限之一矢。朱蒙虽矢少，殪兽甚多。夫余之臣又谋杀之。朱蒙母阴知，告朱蒙曰："国将害汝，以汝才略，宜远适四方。"朱蒙乃与乌引、乌违等二人弃夫余东南走。中道遇一大水，欲济无梁，夫余人追之甚急。朱蒙告水曰："我是日子，河伯外孙，今日逃走，追兵垂及，如何得济？"于是鱼鳖并浮，为之成桥。朱蒙得渡，鱼鳖乃解，追骑不得渡。朱蒙遂至普述水，遇见三人，其一人著麻衣，一人著衲衣，一人著水藻衣，与朱蒙至纥升骨城，遂居焉。号曰高句丽，因以为氏焉。

《高丽好大王碑》惟昔始祖邹牟王之创基也，出自北夫余，天帝之子，母河伯女郎，剖卵降出。生子有圣□□□□□□命驾巡东南下，路由夫余奄利大水。王临津言曰："我是皇天之子，母河伯女郎，邹牟王，为我连葭浮龟。"应声即为连葭浮龟，然后造渡于沸流谷忽本西城山上而建都焉。永乐□位，因遣黄龙来下迎王，王于忽本东冈黄龙负升天。

高丽王氏朝金富轼撰《三国史记·高句骊纪》始祖东明圣王姓高氏，讳朱蒙。（一云邹牟，一云象解。）先是扶余王解夫娄老，无子，祭山川求嗣。其所御马至鲲渊，见大石，相对流泪。王怪之，使人转其石，有小儿，金色，蛙形（蛙一作蜗）。王喜曰："此乃天赉我令胤乎？"乃收而养之，名曰金蛙。及其长，立为太子。后其相阿兰弗曰："日者天降我曰：'将使吾子孙立国于此，汝其避之东海之滨，有地号曰迦叶原，土壤膏腴，宜五谷，可都也。'"阿兰弗遂劝王移都于彼国，号东扶余。其旧都有人，不知所从来，自称天帝子解慕漱来都焉。及解夫娄薨，金蛙嗣立。于是时得女子于大白山南优渤水，问之，曰："我是河伯之女，名柳花，与诸弟出游，时有一男子自言天帝子解慕漱，诱我于熊心山下鸭绿边室中私之，即往不返，父母责我无媒而从人，遂谪居优渤水。"金蛙异之，幽闭于室中。为日所照，引身避之，日影又遂而照之，因而有孕。生一卵，大如五升许，王弃之于犬豕，皆不食。又弃之路中，牛马避之。后弃之野，鸟覆翼之。王欲剖之，不能破。遂还其母。其母以物裹之，置于暖处，有一男儿破壳而出，骨表英奇。年甫七岁，嶷然异常，自作弓矢射之，百发百中。扶余俗语善射为朱蒙，故以名云。金蛙有七子，常与朱蒙游戏，其伎能皆不及朱蒙。其长子带素言于王曰："朱蒙非人所生，其为人也勇，若不早图，恐有后患，请除之。"王不听，使之养马。朱蒙知其骏者而减食令瘦，驽者善养令肥。王以肥者自乘，瘦者给朱蒙。后猎于野，以朱蒙善射，与其矢小，而朱蒙殪兽甚多。王子及诸臣又谋杀之，朱蒙母阴知之，告曰："国人将害汝，以汝才略，何往而不可？与其迟留而受辱，不若远适以有为。"朱蒙乃与乌伊、摩离、陕父等三人为友，行至淹淲水，（一名盖斯水，在今鸭绿东北）欲渡无梁，恐为追兵所迫，告水曰："我是天帝子，河伯外孙，今日逃走，追者垂及，如何？"于是鱼鳖浮出成桥，朱蒙得渡，鱼鳖乃解，追骑不得渡。朱蒙行至毛屯谷（魏书云，至普述水），遇三人，其一人着麻衣，一人着衲衣，一人着水藻衣。朱蒙问曰："子等何许人也？何姓何名乎？"麻衣者曰："名再思。"衲衣者曰："名武骨。"水藻衣者曰："名默居。"而不言姓。朱蒙赐再思姓克氏，武骨仲室氏，默居少室氏。乃告于众曰："我方承景命，欲启元基，而适遇此三贤，岂非天赐乎？"遂揆其能，各任以事，与之俱至卒本川（魏书云，至纥升骨城）。观其土壤肥美，山河险固，遂欲都焉，而未遑作宫室，但结庐于沸流水上居之。国号高句丽，因以高为氏（一云，朱蒙至卒本，扶余王无子，见朱蒙，知非常人，以其女妻之。王薨，朱蒙嗣位）。时朱蒙年二十二岁，是汉孝元帝建昭二年。

朝鲜《旧三国史·东明王本纪》（案，原书已佚，日人今西龙在《内藤虎次郎颂寿纪念史学论丛》中所作《朱蒙传说》据高丽王氏朝李奎报《李相国文集》中之《东明王篇注释》辑录成篇，并以朝鲜《世宗实录》《地理志·平安道》平壤条所载者补订之。此处所引，即据今西龙氏辑文）夫余王解夫娄老无子，祭山川求嗣。所御马至鲲渊，见大石流泪。王怪之，使人转其石，有小儿金色蛙形。王曰："此天赐我，令胤乎？"乃收养之，名曰金蛙，立为太子。其相阿兰弗曰："日者天降我曰，将使吾子孙立国于此，汝其避之东海之滨，有地号迦叶原，土宜五谷，可都也。"阿兰弗劝王移都，号东夫余。于旧都解慕漱，为天帝子来都。汉神雀三年壬戌岁（四月甲寅），天帝遣太子降游扶余古都，号解慕漱。从天而下，乘五龙车，从者百余人，皆骑白鹄，彩云浮于上，音乐动云中，止熊心山，经十余日始下。首戴鸟羽之冠，腰带剑光之剑，朝则听事，暮即升天，世谓之天王郎。城北青河河伯（青河今鸭绿江也。）有三女，长曰柳花，次曰萱花，季曰苇花，三女自青河出游熊心渊上，神姿艳丽，杂佩锵洋，与汉皋无异。王谓左右曰："得而为妃可有后胤。"其女见王，即入水。左右曰："大王何不作宫殿，俟女入室，当户遮之？"王以为然。以马鞭画地，铜室俄成，壮丽于空中。王三席置樽酒，其女各座其席，相欢，饭酒大醉，云云。王俟三女大醉，急出遮。女等惊走，长女柳花为王所止。河伯又怒，遣使告曰："汝是何人，留我女乎？"王报云："我是天帝之子，今欲与河伯结婚。"河伯又使告曰："汝若天帝之子，于我有求婚者，当使媒，云云，今辄留我女，何其失礼？"王惭之。将往见河伯，不能入室。欲放其女，女既与王定情，不肯离去。乃劝王曰："如有龙车，可到河伯之国。"王指天而告，俄而五龙车从空而下。王与女乘车，风云忽起，至其宫。河伯备礼迎之，坐定，谓曰："婚姻之道，天下之通规，为何失礼辱我门宗？"河伯曰："王是天帝之子，有何神异？"王曰："惟在所试。"于是河伯于庭前水化为鲤，随浪而游，王化为獭而捕之。河伯又化为鹿而走，王化为豺逐之。河伯化为雉，王化为鹰击之。河伯以为诚是天帝之子，以礼成婚。

恐王无将女之心，张乐置酒，劝王大醉（河伯之酒七日乃醉），与女入于小革舆中，载以龙车，欲令升天。其车未出水，王即酒醒。取女黄金钗，刺革舆，从孔独出升天。河伯大怒其女，曰："汝不从我训，终辱我门。"令右左绞挽女口，其唇吻长三尺，惟与奴婢二人贬于优渤水中。优渤，泽名，今在太伯山南。渔师强力扶邹告金蛙曰："近有盗梁中鱼而将去者，未知何兽也？"王乃使渔师以网引之，其网破裂。更造铁网引之，始得一女，坐石而出。其女唇长，不能言，令三截其唇，乃言。王知天帝子妃，以别宫置之。基女怀牖中日曜，因以有娠。神雀四年癸亥岁夏四月，生朱蒙。啼声甚伟，骨表英奇。初生，左腋生一卵，大如五升许。王怪之，曰："人生鸟卵，可为不祥。"使人置之马牧。群马不践。弃于深山，百兽皆护，云阴之日，卵上恒有日光。王取卵送母养之，卵终乃开，得一男。生未经月，言语并实。谓母曰："群蝇嗜目，不能睡，母为我作弓矢。"其母以荜作弓矢与之，自射纺车上蝇，发矢即中。扶余谓善射曰朱蒙。年至长大，才能兼备。金蛙有子七人，常共朱蒙游猎。王子及从者四十余人，惟获一鹿，朱蒙射鹿至多。王子妒之，乃执朱蒙缚树，夺鹿而去，朱蒙树拔而去。太子带素言于王曰："朱蒙神勇之士，瞻视非常，若不早图，必有后患。"王使朱蒙牧马，欲试其意。朱蒙内怀恨，谓母曰："我是天帝之孙，为人牧马，生不如死，欲往南土造国家，母在，不敢自专，云云。"其母曰："此吾之所以日夜腐心也。""吾闻士之涉长途者，顺凭骏足，吾能择马矣。"遂往牧马，即以长鞭乱捶，群马皆惊走，一驿马跳过二丈之栏。朱蒙知马骏逸，潜以针捶马舌，痛不食水草，其马瘦悴。王巡行马牧，见群马悉肥，大喜，仍以瘦锡朱蒙。朱蒙得之，拔其针加倭云。暗结乌伊、摩离、陕父等三人，南行至淹滤，一名盖斯水，在今鸭绿东北，欲渡无舟。恐追兵奄及，乃以策指天，慨然叹曰："我天帝之孙，河伯之甥，今避难至此，皇天后土怜我孤子，速致舟桥。"言讫，以弓打水，龟鳖浮出成桥，朱蒙乃得渡。良久，追兵至。追兵至河，鱼鳖桥即灭，已上桥者皆没死。朱蒙临别，不忍睽违。其母曰："汝勿以一母为念。"乃裹五谷种以送之。朱蒙自切生别之心，忘其麦子。朱蒙息大树之下，有双鸠来集。朱蒙曰："应是神母使送麦子。"乃引弓射之，一矢俱举，开喉得麦子。以水喷鸠，更苏而飞去，云云。王行至卒本川，庐于沸流水上，国号为高句丽。王自坐茀绝之上，略定君臣神。（中略）在位十九年，秋九月，王升天不下，时年

四十。太子以所遗玉鞭葬于龙山，云云。（下略）

《清太祖武皇帝实录》（故宫博物院藏本。按《清太祖实录》今已发见者有三本，一名《太祖武皇帝实录》，藏北平故宫博物院，是最初本。一名《太祖高皇帝实录》，是一稿本，涂改数遍，藏中央研究院历史语言研究所。一亦名《太祖高皇帝实录》，藏北平故宫博物院，已由该院印出，此为最后之本。又有《满洲实录》，藏沈阳故宫博物院，已由该院影印，文饰较少，当在故宫第一本及中央研究院稿本之间。今录故宫第一本，而注明沈阳本之异文。）长白山高约二百里，周围约千里。此山之上有一潭名他门，（沈阳本作闼门。）周约八十里。鸭绿、混同、爱滹三江，俱从此山流出。鸭绿江自山南泻出向西流，直入辽东之南海。混同江自山北泻出向北流，直入北海。爱滹江向东流，直入东海。此三江中每出珠宝。长白山山高地寒，风劲不休，夏日环山之兽俱投憩此山中。（沈阳本此下有云，此山尽是浮石，乃东北一名山也。）

满洲源流。

满洲原起于长白山之东北布库里山下一泊，名布尔（沈阳本作勒）湖里。初，天降三仙女浴于泊，长名恩古伦，次名正古伦，三名佛库伦，浴毕上岸，有神鹊衔一朱果置佛库伦衣上，色甚鲜妍。佛古（沈阳本作库）伦爱之不忍释手，遂衔口中。甫著衣，其果入腹中，即感而成孕。告二姊曰："吾觉腹重不能同升，奈何？"二姊曰："吾等曾服丹药，谅无死理，此乃天意，俟尔身轻上升未晚。"遂别去。佛库伦后生一男，生而能言，俟尔长成。母告子曰："天生汝，实令汝为夷国主（沈阳本作以定乱国），可往彼处将所生缘由一一详说。"乃与一舟，"顺水去，即其地也。"言讫，忽不见。其子乘舟顺流而下，至于人居之处，登岸，折柳条为坐具，似椅形，独踞其上。彼时长白山东南鳖莫惠（地名）、鳖多理（城名。此两名沈阳本作鄂谟辉、鄂多理），内有三姓夷酋争长（沈阳本作争为雄长），终日互相杀伤。适一人来取水，见其子举止奇异，相貌非常，回至争斗之处，告众曰："汝等无争，我于取水处遇一奇男子，非凡人也。想天不虚生此人，盍往观之。"三酋长（沈阳本作三姓人）闻言罢战，同众往观。及见，果非常人，异而诘之。答曰："我乃天女佛库伦所生，姓爱新（华语[沈阳本作汉言]金也）觉罗（姓也），名布库理雍顺，天降我定汝等之乱。"因将母所属之言，详告之。众皆惊异曰："此人不可使之徒行。"遂相插手为舆，拥捧（沈阳本作护）而回。三姓人息争，共奉布库里英雄（沈阳本作哩雍顺）为主，以百里女妻之。其国定号满洲，乃其始祖也。（南朝误名建州。）

如上所引，可知此一传说在东北各部族中之普遍与绵长。此即东北人之"人降"神话，在东北人以外，古淮夷亦有此神话：

《史记·秦本纪》秦之先帝，颛顼之苗裔，孙曰女修。女修织，玄鸟陨卵，女修吞之，生子大业。大业取少典之子，曰女华，生大费，与禹平水土。

按，此虽记秦之祖，然实叙夷淮之祖，因秦本嬴姓，嬴姓在商代，凭殷人西向之势，自岱南出建部落于西北，事见《秦本纪》。淮夷本是东海上部类，《诗·鲁颂》"至于海邦，淮夷来同"是其证。然则淮夷与东北沿海诸族同其人降之神话，本不足怪。且此处之神话，明明归本于颛顼氏，颛顼正是东北方部落之宗神。《晋书》卷一百八（慕容）"廆以大棘城即帝颛顼之墟也"可以为证。据此考量，淮夷有此神话，正自东北来，即当入之东北一类中也。

然而此一神话殊不以东北为限，殷商亦然。《诗》所谓"天命玄鸟，降而生商"，所谓"有娀方将，帝立子生商"

者，据郑笺云："天使鳦下而生商者，谓鳦遗卵，有娀氏之女简狄吞之而生契。"是谓玄鸟之卵，入有娀氏女之腹，遂生商祖。然则《商颂》中此一神话，与上文所举后来东北各部族中之神话，明明白白是一件事，至少是一个来源。持此以证商代来自东北，固为不足，持此以证商代之来源与东北有密切关系，至少亦是文化的深切接触与混合，乃是颇充足，很显然的。[①]

乙 《诗·商颂》："宅殷土芒芒。"我们要看商所宅之殷土在何处。自武乙以来所都之处，《史记》称之曰殷虚，殷虚正在洹水南岸，今河南安阳境。不过这是后来的话，不足证殷商之本在河北。当更由他法寻求称殷商部族之本土。《吕氏春秋·慎大览》："亲郼如夏。"高诱曰："郼读如衣，今兖州人谓殷氏皆曰衣。"毕沅证之曰："《书·武成》，殪戎殷，《中庸》作壹戎衣，二字声本相近。"然则殷即郼，郼、韦、卫三字当为一字之异体。今能寻卫韦之所在，则殷土之原来地望可知。卫者，康侯封所受之旧名，康侯之国名卫，并非康侯自他处带去（若燕之本不在蓟，鲁之本不在曲阜）。而为其地之旧名者，可以下列考量证之。康叔本封于康，故建侯于卫时犹目康叔，其子犹曰康伯，从此可知卫为昧邦（即《诗》之"沬乡牧野"）之本名，当今

---

① 此节含义已见拙著《东北史纲》初稿第一卷一四至二四页。彼处于本文所引资料外，更及"姙乙"一辞。今承董作宾先生告我："王国维所释'姙乙，二文实是'河'字，其'畐'一字，则为'岳'字。"按董说甚确，故删是段。

彰德、卫辉、大名一带之地。韦者，一曰豕韦，《左传》哀二十四杜注曰："东郡白马县东南有韦城。"晋白马县当今滑县东境一带，其四围正在古所谓河济之间。《吕氏春秋·有始览》又云："河济之间为兖州，卫也。"此尤明示卫之地望，更由此可知称殷之原来所在。其实殷、兖（古作沇）二字，或者也不免是一词之变化，音韵上非不可能。此说如不错，则殷、衣、韦、郼、沇、卫、兖，尽由一源，只缘古今异时，成殊名耳。商之先世，于建业蒙亳之先（说详下）宅此殷土，则成汤以前先公发祥自北而南之踪迹，可以推知矣。

丙 《诗·商颂》："相土烈烈，海外有截。"试为"景员维河"之国家设想，最近之海为渤海，最近可能之海外为辽东半岛或朝鲜西北境。相土为商代甚早之先王，在契之后，汤之前，并在王恒、王亥之前。以如此早之一代，竟能戡定海外，则其根据地必去渤海不远。纣殁后，殷人以亡国之余，犹得凭箕子以保朝鲜，朝鲜如不早在其统治之内，甚难以亡国余烬，远建海邦。然则箕子之东，只是退保辽水之外，"从先王居"而已，犹之金亡后犹在混同江边保其女真族，元亡后犹在漠南北保其蒙古族。[①]

据以上三事，则最早最可信之史料——《商颂》——已

---

① 《左传》昭九，"肃慎燕亳，吾北土也"。此当为亳之本土，说详下。又，朝鲜一辞不见六经，按之司马相如《上林赋》，"齐……斜与肃慎为界"，西汉齐国之斜界正为朝鲜，或者战国以来所谓朝鲜，即古之肃慎耶？说别详。

明明告我们，殷代之祖先起自东北方矣！然证据尚不只此。

丁　王恒亦是殷先王世系中甚早者，他与有易有一段相杀的故事（王国维考之甚确）。按，都邑之名每以迁徙而移，水名则不移。有易之地望可以易水所在推知其概。王恒、王亥、上甲微三世既皆与有易发生关系，而王恒且为有易虏去做牧夫，则此时殷先公之国境，必与有易毗连可知，即必在今河北省境北部或中部可知。查王国维所证与此事有涉之《天问》十二韵云：

　　该（亥）秉季德，厥父是臧，胡终弊于有扈（易之误，据王考），牧夫牛羊？干协时舞，何以怀之？平胁曼肤，何以肥之？有扈（易）牧竖，云何而逢？击床先出，其命何从？恒秉季德，焉得夫朴牛？何徒营班禄，不但（疑旦之误）还来？昏微遵迹，有狄（易之借字，据王考）不宁，何繁鸟萃棘（疑林之误），负子肆情？眩（亥）[1]弟并淫，危害厥兄，何变化以作诈，后嗣而逢长？

---

① 此处眩字疑亦亥之误字。盖上文正说王亥、王恒、上甲微，下文又说汤之创业，不应中间忽插入舜象故事，如王逸所解者。即使信《国语》"商人禘舜" 之舜字不误，亦应列于"简狄在台誉何喜"之前。《天问》骤看似语无伦次者，然若以"故事系统"论其次序，以韵读定其错间或不错，当知实非漫无连贯者。故舜事无论如何解，不当入之此处也。又眩胲二字在篆文虽不可乱，在隶书则甚易讹也。

今更据文义推测此一故事之大略面目。一个故事，每因同源异流之故，化为几个不同的面目。现在看看《天问》中这个故事的面目，果与其他记同一故事者合否。照这十几韵中的含义，大约殷王季是这个故事中一个重要的人物，大约服牛之功是当归之于季的，所以谈到他的儿子们，一则曰"该秉季德"，再则曰"恒秉季德"。此点正与国语祭统合，二者皆以为冥（据王考，即季）有大功。然则王氏以为"《山海经》《天问》《吕览》《世本》皆以王亥为始作服牛之人"，在《天问》或不如此。《天问》既曰该恒秉季德，是此一重要制作，在王亥不过承袭父业，或者《天问》作者心中是以王季担此制作之任者。王季有几个儿子，其中亥、恒皆能秉父德，不幸亥之诸弟（恒当除外）实行"共妻主义"，偏这群人自己没遭祸事，祸事到老兄头上，所谓"危害厥兄"也。此与郭璞《大荒东经》注引《竹书》所云"殷王子亥，宾于有易而淫焉，有易之君绵臣杀而放之"，当系一件故事之不同说法，《竹书》归罪于亥，《天问》归罪于其弟耳。所谓"昏微遵迹，有狄不宁"者，盖上甲微在国败君亡之后，能振作旧业，压迫有狄，有狄为之不宁，此与《鲁语》祭统所谓"上甲微能帅契"者相合。不过，据《天问》之发问者，微不是王亥之子，而是亥之弟之子，故有天道难知之感，以并淫作诈害及子兄之人，其后嗣乃能长盛，为不平也。如上所析解此一故事，诸书用之者大同小异，盖此故事至晚周已有不同之面目。然其中有一点绝无异者，即汤之先世在此期中历与有易斗争，卒能胜有易，故后世乃大。夫易水所在，古今未改，有易所在，即可推知。以数世与有易斗争之国，必为有易之邻国可知，必在今河北省中部或南部亦可知矣。

戊　《山海经》中所说之地望，初看似错乱，如匈奴见于南方，流沙见于东方之类。但全部排比一下，颇有一个线索可寻，而《大荒经》中之东西南北，尤不紊乱。今将《大荒东经》中所载一切帝王之迹抄之如下。

　　东海之外，大壑，少昊之国，少昊孺帝颛项于此。

　　大荒之中，有山名曰合虚，日月所出。有中容之国：帝俊生中容。

　　有司幽之国：帝俊生晏龙，晏龙生司幽。

　　有白民之国：帝俊生帝鸿，帝鸿生白民。

　　有黑齿之国：帝俊生黑齿，姜姓。

　　东海之渚中有神，人面鸟身，珥两黄蛇，践两黄蛇，名曰禺貌。（《北经》作禺虢。）黄帝生禺貌，禺貌生禺京。禺京处北海，禺貌处东海，是惟海神。

　　有困民国，勾姓，而食（郝懿行云，勾姓下而食上当有阙脱），有人曰王亥。两手操鸟，方食其头。王亥托于有易，河伯仆牛。有易杀王亥，取仆牛。河念有易，有易潜出为国于兽方食之，名曰摇民。帝舜生戏，戏生摇民。

　　有五采之鸟相乡弃沙，惟帝俊下友。

　　东荒之中有山，名曰壑明俊疾，日月所出，有
中容之国。

　　东海中有流波山……其上有兽……其名曰夔，
黄帝得之，以其皮为鼓。

　　据此我们可说帝俊竟是《大荒东经》中惟一之帝。此外
少昊一见，谓其孺颛顼于此；黄帝二见，一谓其为处于东海
之禺虢之祖，一谓其得夔；舜一见，谓其为摇民之祖；皆不
多见。至于中容王亥，一为俊之子，一则殷先王，正在一系
中。又帝俊之见于他卷者，仅《大荒南经》，"帝俊妻娥
皇，生此三身之国"，"帝俊生季厘"，"羲和者，帝俊之
妻"；《大荒西经》，"帝俊妻常羲"；《大荒北经》，
"东北海之外，大荒之中，河水之间，附禺之山……帝颛顼
有九嫔葬焉…… 丘方员三百里，丘南帝俊竹林在焉，大可为
舟……丘西有沉渊，颛顼所浴"，及《海内经》末段之综记
帝族统系。除《海内经》末段另文详论外，所有《大荒经》
南西北三方中之帝俊，多是娥皇一故事之分化。至《大荒北
经》所记帝俊竹林，虽列入《北经》，按其所述之地望，实
在东北。由此统计以看帝俊之迹，及其宗族，独占东北方最
重要之位置。帝俊既见于殷虚文字，称曰高祖，而帝俊之地
望如此，则殷代龙兴之所在可知。

综上列五事以看，直接史料与间接史料相互参会，均指示我们商起于东北，此一说谓之为已经证成可也。

（二）亳

然而竟有人把商代也算到西方去，其故大概由于亳之地望未看清楚，太史公又曾胡里胡涂说了一句。他说："或曰，'东方物所始生，西方物之成熟'。夫作事者必于东南，收功实者常于西北。故禹兴于西羌；汤起于亳；周之王也，以丰镐伐殷；秦之帝用雍州兴；汉之兴自蜀汉。"这话里边，只汤起于亳一说为无着落，而徐广偏"希意承旨"，以说"京兆杜县有亳亭"，于是三亳阪尹之外，复有此西亳，而商起东北之事实，竟有太史公之权威作他的反证！[①]查亳之所在，皇甫谧已辨之，宋人亦有论及。在近代，有孙星衍（见外集《汤都考》）、胡天游（见《石笥山房

[①] 按，京兆有亳亭一说，《史记》曾言及。《封禅书》记秦地诸祠祀有云："于社亳有三社主之祠。"《秦本纪》云："宁公二年，遣兵伐荡社。三年，与亳战，亳王奔戎，遂灭荡社。"《索隐》曰："西戎之君，号曰亳王。盖成汤之胤。"《集解》引皇甫谧曰："亳王号汤，西夷之国……非殷也。"据此，知周桓王时之亳王，乃西戎君长，不关殷商。其居京兆杜县，当由犬戎之乱，入据畿甸。西周盛时，断不容卧榻之旁，由人酣睡。意者殷克鬼方后，子姓有统率戎人部落者，逮殷之灭，遂袭亳王之号，及周之乱，遂据杜县。无论此说当否。此乃后代事，不能据之以证商代之渊源。商人何来，固当以早年地理证之，亳人发迹之所在求之，若求之于八九百年后之地名，恐无当矣。

集》)、郝懿行（见《山海经笺疏》）、金鹗（见《求古录礼说》）、毕亨（见《九水山房文存》）、王国维（见《观堂集林》）皆主偃师之西亳为后起之亳，汤之始都应在东方。汤自东徂西之事，在今日已可为定论。诸家所说，今不具引，仅于所论之外，补申两事：

甲　亳实一迁徙之名。地名之以居者而迁徙，周代犹然。宗周成周虽于周上冠字，其号周则一。鲁本不在今山东南境，燕本不在今河北北境，皆因徙封而迁。（说见拙著《大东小东说》）。韩本在渭水流域，而《诗·韩奕》，"燕师所完"，"以为北伯"之韩，必在今河北省境。魏本在河东，而迁大梁后犹号魏。汉虽仍封梁王于此，而曹魏初建国，仍在此地。后世尚如此，早年"无定居"时迁徙较易，则洛邑号周，韦墟号商，亦甚自然。鲁有亳社之遗，可知亳者乃商人最初之国号，国王易其居，而亳易其地，原来不是亳有好些个，乃是亳王好搬动。或者有亳社之地皆可称亳。王国维君证汤之亳为汉之山阳郡薄县（今山东曹县境），以《左传》哀十四年，"宋景公曰，薄宗邑也"为证，其说至确，然不可谓汤之所居但以此为限。偃师之亳虽无确证，然汤实灭夏，夏之区宇布于今山西、河南省中，兼及陕西，而其本土在河东（详下章）。《史记》："汤遂率兵以伐夏桀，桀走鸣条。"《集解》引孔安国曰："地在安邑之西。"按之《吕览》等书记吴起对魏武侯云："夏桀之国左河济，右太行，伊阙在其南，羊肠在其北。"则鸣条在河东或不误。然则汤对夏用兵以偃师一带地为根据，亦非不可能者。且齐侯镈钟云："虩虩成唐（阳），又嶳（严）十（在）帝所。尃受天命，剗伐夏司，敗（败）厥灵师。伊少（小）臣隹捕（辅）。咸有九州，处禹之堵（都）。"（从孙仲容释）则成汤实灭夏桀而居其土。此器虽是春秋中世之器，然此传说必古而有据。又南亳虽若偏于南隅，然相传成汤放桀于南巢，南巢竟远在庐州境，则南亳未必非汤所曾至。大凡此等传说，无以证明其然，亦无以证明其不然。如以亳为城郭宫室俱备之都邑，则汤之亳自当只有一个。如以其为兵站而有社以祷之所，则正应不只一地。且汤时兵力已甚盛，千里之间，南征北战，当是史实。不过汤之中央都邑，固当以近于商宋者为差是耳。

此外济河流域中以薄或博名者，尚有数处，其来源虽有不可知者，然以声类考之，皆可为亳之音转。

蒲姑。《左传》昭九年："及武王克商……蒲姑商奄，吾东土也……肃慎燕亳，吾北土也。"《齐世家》作蒲姑。《诗·毛传》同。杜云："乐安博昌县北有薄姑城。"按，《汉志》千乘郡已有博昌县，当今山东博兴县。

肃慎、燕、亳之亳。此亳所在杜无说，孔谓小国不知所在。然既与肃慎燕并举，当邻于肃慎及燕。

据司马相如《子虚赋》，齐"斜与肃慎为界"，是古肃慎当即汉之朝鲜，与后世之挹娄无涉。或者此一在东北之亳即亳之初地，亦未可知。

齐博邑。在泰山下，见《齐策》。

汉东郡博平县。 在济水之北，今山东博平县境。《田齐世家》之博陵，《苏秦张仪传》之博关，当即此博。

杨守敬曰："余以为秦县之名率本于前，其有地见春秋战国而汉又有其县者，诸家虽不言秦县，安知其非秦置？……使读者知秦之立县皆有所因，而汉志之不详说者，可消息得之矣。"（见《嬴秦郡县图序》）此说甚通。博，博平二名虽见于后，渊源当有自耳。

又按，"亳""薄"二字，同在唐韵入声十九铎，傍各切。"博"亦在十九铎，补各切。补为帮母之切字，傍为并母之切字，是"亳""薄"二字对"博"之异仅在清浊。蒲姑之"蒲"在平声，然其声类与"亳""薄"同，而蒲姑又在《诗·毛传》《左·杜注》中作薄姑，则"蒲"当与"薄"通。又十八铎之字在古有收喉之入声（—k）其韵质当为ak，而唇声字又皆有变成合口呼之可能，是则"蒲姑"两字正当"亳"之一音。亳字见于殷虚文字，当是本字（《殷虚文字类编》五卷十五页）博、薄、薄姑等，为其音转，以声类韵部求之，乃极接近。此虽未能证明之假设，却颇值得留意。

乙 蒲姑，博、薄、亳等地之分配，实沿济水两岸而逆流上行。试将此数地求之于地图上，则见其皆在济水故道之两岸。薄姑至于蒙亳皆如此。到西亳南亳方离开济水之两岸，但去济水流域仍不远。大凡一切荒古时代的都邑，不论在那一州，多是在河岸上的。一因取水的供给，二因交通的便利。济水必是商代一个最重要的交通河流。殷墟发现的品物中，海产品甚多，贝类不待说，竟有不少的鲸骨。而《卜辞》所记，王常自渔，《左传》所谓渔"非君所及"者，乃全不适用于商王，使人发生其同于辽代君主在混同江上钓鱼之感。又"济""齐"本是一字，如用以标水名，不着水旁亦可。洹水之"洹"有时作"亘"，可以为证。《卜辞》中有"齐諫"，而"齐諫"又近于夷方，此必指济水上地名而言（《殷虚书契前编》卷二第十五页："癸巳，卜贞王旬亡畎，在二月，在齐諫，隹王来正[征]𠂤[夷]方。" 董彦堂先生示我此条）。商之先世或者竟逆济水而向上拓地，至于孟诸，遂有商丘，亦未可定。薄姑旧址去海滨不远。此一带海滨，近年因黄河之排沙，增加土地甚速。古时济漯诸水虽不能如黄河，亦当有同样而较弱之作用。然则薄姑地望正合于当年济水之入海口，是当时之河海大港无疑。至于"肃慎燕亳"之亳，既与肃慎、燕并举，或即为其比邻。若然，则此之一亳正当今河北省之渤海岸，去薄姑亦在数百里以至千里之内。今假定商之先世起源于此之一亳，然后入济水流域，逆济水西上，沿途所迁，凡建社之处皆以旧名名之，直到陕西省境，于是有如许多之亳。此设想虽不能直接证明，然如上文所排列之事实，惟似惟有此解能适合之。

（三）商代拓土之三期

商代享国六百年之说，今无从确证。《史记》所载之世系，按之卜辞，大体不差。虽帝王之历世甚多，然其间不少兄弟，或者《史记集解》引《汲冢纪年》"汤灭夏，以至于受，二十九王，用岁四百九十六年"之一说，较为可信。在此五百年中，大约有两个时期拓土最力，一是成汤时，一是武丁时，合之汤前之相土，共三个时期。此情形《商颂》中说得很明白。于相土曰："相土烈烈，海外有截。"于汤曰："武王载旆……九有有截。韦顾既伐，昆吾夏桀。"于武丁曰："在武丁孙子。武丁孙子，武王靡不胜。龙旂十乘，大糦是承。邦畿千里，维民所止，肇域彼四海。四海来假。"照这样看，并参以他书所记载，这三个时期拓土的范围，当如下文所列。

（1）相土的东都，既在太山下，则其西部或及于济水之西岸。又曾戡定海外，当是以渤海为宇的。

（2）汤时建国在蒙亳，其广野即是所谓空桑，其大渚即是孟诸（即孟渚），盖已取东夷之国，少昊之故域，而为邦畿，而且北向封韦，西向对夏，南向对淮水流域，均拓土不少。

（3）盘庚，涉河迁殷后，其西北向之势力更发达。重以"中宗祖乙"（参看初版《观堂集林》九卷二十页）。"治民祗惧，不敢荒宁……享国七十有五年。""高宗（武丁）

时旧劳于外，爰暨小人……不敢荒宁，嘉靖殷邦……享国五十有九年。""祖甲……旧为小人，作其即位，爰知小人之依，能惠保于庶民，享国三十有三年。"（均见《书·无逸》）故其势力能越太行，过伊洛，而至渭水。彼时南方之疆域今虽不可考，然既至南巢，已越淮水矣。又周称周侯，崇侯之国在丰，此虽藩国不同邦畿，然亦可见其声威所至。且"高宗伐鬼方，三年克之"一传说（见《易·下经》），证以《诗经》，尤可信。《大雅·荡》云："文王曰咨，咨女殷商。如蜩如螗，如沸如羹，小大近丧。人尚由乎行。内奰于中国，覃及鬼方。"此虽记殷之衰乱，然衰乱时尚能波及于鬼方，强武时鬼方必为其臣属可知。关于鬼方之记载，初不见于发现之卜辞，今春中央研究院始发现一骨，其辞曰，"己酉，卜贞鬼方，囚"。这样记载的稀少，似是鬼方既为殷人平定或威服之证。及纣之将亡，周人尚称之曰，"殷商之旅，其会如林"，而周人之翦服东方，历文武周公成王三世而"康克安之"。然则商人所建之帝国，盛时武力甚大，败后死而难僵。此一东起海东，西至岐阳之大帝国，在当时的文化程度中能建设起来，不能不算是一件绝伟大的事。想必凭特殊的武器，及坚固的社会组织，方能做到。

二、夏迹

商代发迹自东徂西的踪迹已在上一章大致条别清楚，向上推一步便是夏代，我们且看夏代的踪迹分布在何一方。

禹的踪迹的传说是无所不在的，北匈奴南百越都说是禹后，而龙门会稽禹之迹尤著名，即在古代僻居汶山（岷山）一带不通中国的蜀人，也一般的有治水传说。（见扬雄《蜀王本纪》，臧氏辑本）。虽东方系之商人，也说"浚哲维商，长发其祥，洪水芒芒，禹敷下土方"，明明以禹为古之明神。不过春秋以前书中，禹但称禹，不称夏禹，犹之稷但称稷，不称夏稷或周稷，自启以后方称夏后。启之一字盖有始祖之意，汉避景帝讳改为开，足征启字之诂。其母系出于涂山氏，显见其以上所蒙之禹若虚悬者。盖禹是一神道，即中国之Osiris。禹鲧之说，本中国之创世传说（Genesis）。虽夏后氏祀之为宗神，然其与夏后有如何之血统关系，颇不易断。若匈奴号为夏后之裔，于越号称少康之后，当皆是奉禹为神，于是演以为祖者。如耶稣教之耶和华上帝，本是犹太一族之宗神，故《创世纪》言其世系，而耶稣教推广到他民族时，奉其教之民族，亦群认耶和华为人祖，亚当为始宗矣。然则我们现在排比夏迹，对于关涉禹者应律除去，以后启以下为限，以免误以宗教之范围，作为国族之分布。

所谓夏后氏者，其名称甚怪，氏是族类，后为王号，何以于殷曰殷人，于周曰周人，独于夏曰夏后？意者诸夏之部落本甚多，而有一族为诸夏之盟长，此族遂号夏后氏。今将历代夏后之踪迹辑次如下。

（1）见于《左传》者

帝丘 僖三十一，"卫迁于帝丘……卫成公梦康叔曰：'相夺予享。'公命祀相。宁武子不可，曰：'鬼神非其族类，不歆其祀。杞鄫何事！相之不享，于此久矣，非卫之罪也！'"杜云："帝丘，今东郡濮阳县。"

殽 僖三十二，"殽有二陵焉：其南陵，夏后皋之墓也，其北陵，文王之所以避风雨也"。杜云："殽在弘农渑池县西。"

穷石 此为夏之敌国，事见襄四年，本文及讨论均见下章。空桑又曰穷桑，见昭二十九年。穷石当即空桑之音转。至斟灌过戈鬲诸地所在，则杜云："有鬲国名，今平原鬲县。""乐安寿光县东南有灌亭，北海平寿县东南有斟亭。""东莱掖县北有过乡，戈在宋郑之间。"

有莘　僖二十八，记晋文城濮之战，有云："晋侯登有莘之虚，以观师，曰，'少长有礼，其可用也'。遂伐其木，以益其兵。己巳，晋师陈于莘北。"据此，有莘必去城濮甚近。有莘相传为夏诸侯，伊尹其一代之小臣也。

斟灌　斟寻　襄四，杜云："乐安寿光县东南有灌亭，北海平寿县东南有斟亭。"按，《水经注·巨洋水篇》引薛瓒《汉书·集注》云："汲郡古文，相居斟灌，东郡观是也。"（段玉裁云，《经韵楼集五》今本《水经注》观讹为灌，而戴校未正）据此，斟灌仍在东郡，去帝丘不远。杜释此之误显然。此地既误释，其释斟寻之误亦可推知矣。

东夏　襄二十二，"晋人征朝于郑，郑人使少正公孙侨对曰……间二年，闻君将靖东夏。四月，又朝以听事期"。杜云："谓二十年澶渊盟，先澶渊二月往朝，以听事期。"按以二十年经传所载事，杜说不误。至澶渊所在，杜云："在顿丘县南，今名繁汙，此卫地，又近戚田。"按，卫为东夏，则夏之本土当在东夏卫地之西，但持此一条以证夏境不在东土，已充足矣。

又昭元年，"子相晋国，以为盟主，于今七年矣。再合诸侯，三合大夫，服齐狄，宁东夏，平秦乱，城淳于"。杜于"宁东夏"下注云，"襄二十八年，齐侯白狄朝晋"。

又昭十五，"文公受之，以有南阳之田，抚征东夏"。按，晋文东征者为曹卫，此又以曹卫为东夏。

华夏 襄二十六，"子仪之乱，析公奔晋。晋人寘诸戎车之殿，以为谋主……晋人从之，楚师宵溃，晋遂侵蔡，袭沈，获其君，败申息之师于桑隧，获申丽而还。郑于是不敢南面。楚失华夏，则析公之为也"。此指蔡沈及邻于楚北境诸国为华夏。

观扈 昭元，"夏有观扈"。杜云："观国在今顿丘县，扈在始平鄠县。"此皆夏之故国，当即夏之边境。

大夏 昭元，"子产曰：'昔高辛氏有二子，伯曰阏伯，季曰实沈，居于旷林，不相能也。日寻干戈，以相征讨。后帝不臧，迁阏伯于商丘，商人是因，故辰为商星。迁实沈于大夏，主参，唐人是因，以服事夏商……及成王灭唐，而封太叔焉，故参为晋星。'"杜曰："大夏，晋阳也。"按，大夏与夏墟究竟在晋阳抑在翼，在地理书有异说（如《括地志》），近代学人有异论（如顾亭林、全谢山），二地相去亦数百里。然皆在汾水之旁，不关山东也。

钧台　昭四，"夏启有钧台之享。"杜云："河南阳翟县南有钧台陂。"

仍缗　昭四，"夏桀为仍之会，有缗叛之"。杜于此不能指其所在，但云"仍缗皆国名"，哀元年注亦然。《史记正义》引《帝王世纪》云："羿之杀帝相也，妃有仍氏女曰后缗，归有仍，生少康。"（此本哀元年传）《正义》于他地名几皆有说，于此亦无说。

夏墟　定四，"分唐叔以大路密须之鼓，阙巩沽洗，怀姓九宗，职官五品，命以《唐诰》，而封于夏墟。启以夏政，疆以戎索"。此更直示吾人，晋为夏之本土。

涂山　哀七，"禹合诸侯于涂山。执玉帛者万国"。杜云，"涂山在寿春东北"。按昭四有"三涂"之名，杜云，"在河南陆浑县南"。涂山或即三涂之一。

（2）见于《国语》者

伊洛 《周语》上，"幽王二年，西周三川皆震。伯阳父曰：'……昔伊洛竭而夏亡，河竭而商亡，今周德若二代之季矣。'"按伊洛于夏，犹西周三川之于周，河之于殷，据此可知夏之地望以伊洛为本土矣。

崇山 聆隧《周语》上，"昔夏之兴也，融降于崇山。其亡也，回禄位于聆隧"。韦云，"崇，崇高山也。夏居阳城，崇高所近"。又云，"聆隧，地名也"。按，韦以崇为嵩高。

有崇 《周语》下，"其在有虞，有崇伯鲧，播其淫心，称遂共工之过，尧用殛之于羽山。其后伯禹念前之非……"据上节所引韦解，崇即嵩高。然《诗·文王篇》云，"既伐于崇，作邑于丰"，是崇国境当殷末在渭南。渭南之山境亦东与崇高接。又《左传》宣元，"晋欲求成于秦，赵穿曰：'我侵崇，秦急崇，必救之（杜云，崇，秦之与国），吾以求成焉。'冬赵穿侵崇，秦弗与成"。然则春秋时晋秦界上犹有以崇为号之国，此亦可知崇在西土。

杞鄫 同节，"有夏虽衰，杞鄫犹在"。按，杞在春秋时由今杞县境东迁，鄫则杜云，"在琅琊鄫县"（僖十四）。然《国语》记西周亡时事云："申缯西戎方强，王室方骚……王欲杀太子以成伯服，必求之申。申人弗畀，必伐之。若伐申而缯与西戎会以伐周，周不守矣。"果鄋本在琅琊，势难与申西戎会伐周。然则鄋在琅琊，亦是后来东迁所至。

戎夏 《晋语》一，"献公卜伐骊戎，史苏占之……对曰：'……戎夏交捽……若晋以男戎胜戎，而戎亦必以女戎胜晋……诸夏从戎，非败而何？'"此以晋为夏，与《左传》定四封唐叔于夏墟事合。

昆吾 郑语，"昆吾为夏伯矣"。准以《诗·商颂》，"韦顾既伐，昆吾夏桀"之说，昆吾当非诸夏之一，而别为一族，然与夏族当有若何关系。至昆吾所在，则《左传》昭十二楚子云，"昔我祖伯父昆吾旧许是宅，今郑入贪赖其田而不我与"，可知昆吾在许，即今许昌一带。

东夏 《楚语上》，"析公奔晋，晋人用之，实谮败楚，使不规东夏"。韦云，"东夏，沈蔡也"。按此即《左》襄二十六事，彼处称华夏，此处称东夏。

诸夏 吴语，"昔楚灵王不君……不修方城之内，逾诸夏而图东国"。韦云，"诸夏，陈蔡。东国，徐夷吴越"。此更明明证夏之不在东土。

（3）见于《诗》者

雅　雅之解说不一，《诗序》云："雅者正也，言王政之所由废兴也。"此真敷衍语。《小雅·鼓钟篇》云，"以雅以南"，南是地域名（详见《诗经讲义》），则雅之一辞当亦有地名性。《读书杂志》：《荀子·荣辱篇》"君子安雅"条云，"雅读为夏，夏谓中国也，故与楚越对文。《儒效篇》：居楚而楚，居越而越，居夏而夏，是其证。古者夏、雅二字互通，故《左传》齐大夫子雅，韩子《外储说右篇》作子夏，杨注云，正而有美德谓之雅，则与上下二句不对矣"。（阮元亦以雅言之雅为夏）此真确解，可破历来一切传说者之无知妄解。由此看来，《诗经》中一切部类皆是地名，诸国风不待说，雅为夏，颂分周、鲁、商。然则国风之名，四始之论，皆后起之说耳。雅既为夏，而夏辞之大小雅所载，若一一统计其地望，则可见宗周成周文辞较多，而东土之文辞较少。周自以为承夏绪，而夏朝之地望如此，恰与《左传》《国语》所记之夏地相合（此说详见我所作《诗经讲义》，未刊，其略见新获卜辞写本后记跋《安阳发掘报告》第三八五页）。

（4）见于《周诰》者

区夏　康诰，"惟乃丕显考文王，克明德慎罚，不敢侮鳏寡，庸庸，祗祗，威威，显民，用肇造我区夏，越我一二邦，以修我西土"。按，区字不见《说文》，薛综注《东京赋》云，"区，区域也"，然则区夏犹曰有（域）夏，犹曰夏域，即夏国也。文王造邦于西土，而云始造我夏国，则夏之在西土可知。

（5）此外见于《史记》《战国策》者一段（按《史记》所引杂乱，故不遍举，此节甚关重要，不可遗之）。

河洛　太华　伊阙　羊肠　《吴起列传》："起对曰……夏桀之居，左河济，右泰华，伊阙在其南，羊肠在其北。"按此语见今本《战国策》二十二。然彼处作"左天门之阴，而右天谿之阳"，虽亦谓左带水而右倚山，未如《史记》言之质实，故录《史记》。金鹗（《求古录礼说》八）据此以证夏桀之都在雒阳。今按，桀都正当雒阳否，另是一问题，然桀之国环洛阳，则依此语当无可疑。

据以上各书所记夏地，可知夏之区域，包括今山西省南半，即汾水流域，今河南省之西部中部，即伊洛嵩高一带，东不过平汉线，西有陕西一部分，即渭水下流。东方界线，则其盛时曾有济水上流，至于商邱，此便是与夷人相争之线，说详下章。最西所至，我们现在不知究到何处，汉陇西郡有大夏县，命名不知何本，更不知与夏后之夏有否关系。最南所至，我们也不知，《汉书·地理志》谓汉水将入江时名夏水，今尚保存江夏诸名，或者诸夏不能如此南被。且《荀子·儒效篇》云，"君子居楚而楚，居夏而夏"，楚夏对称，自不能以楚为夏。楚国之最大版图中，尽可包含一部分诸夏，而诸夏未必能过荆襄而括江汉，或者此之名夏竟是同音异辞。陈、范记关羽据荆州北伐曹操事云，"威震华夏"，是汉末犹以华夏为三辅三河汝颍等地之专名，未尝括九州而言。我们现在知诸夏西南北三方所至之大齐，而以东夏之称，夷夏之战（此事详上章），确知夏之东界，则以古代河、济、淮、泗的中国全部论，夏实西方之帝国或联盟，曾一度或数度压迫东方而已。与商殷之为东方帝国，曾两度西向拓土，灭夏克鬼方者，正是恰恰相反，遥遥相对。知此形势，于中国古代史之了解，不无小补也。

三、夏夷交胜

严格意义的诸夏所据之地域已如上章所述，至于夏后一代的大事现在可得而考见的，是些什么呢？答曰，统是和所谓夷人的斗争。夷一个名词应如何解，留在下一章中说明。其字在殷周文书每与人字一样，音亦与人相近，这是很可注意的。现在假定，凡在殷商西周以前，或与殷商西周同时所有今山东全省境中，及河南省之东部、江苏之北部、安徽之东北角，或兼及河北省之渤海岸，并跨海而括辽东朝鲜的两岸，一切地方，其中不是一个民族，见于经典者，有太皞、少皞、有济、徐方诸部，风、盈、偃诸姓，全叫作夷。《论语》有九夷之称，明其非一类。夏后一代的大事正是和这些夷人斗争。此事现在若失传，然一把经典的材料摆布起来，这事件十分明显。可惜太史公当真不是一位古史家，虽羿浞少康的故事，竟一字不提，为其作正义者所讥。求雅驯的结果，弄到消灭传说中的史迹，保留了哲学家的虚妄。

现在说羿浞与夏后少康的故事，先将材料排列出来。

（1）见于《左传》者

> 魏绛曰："……《夏训》有之，曰有穷后羿。"公曰："后羿何如。"对曰："昔有夏之方衰也，后羿自鉏迁于穷石，因夏民以代夏政。恃其射也，不修民事，而淫于原兽。弃武罗、伯因、熊髡、龙圉，而用寒浞。寒浞，伯明氏之谗子弟也，伯明后寒弃之。夷羿收之，信而使之，以为己相。浞行媚于内，而施赂予外，愚弄其民，而虞羿于田。树之诈慝，以取其国家，外内咸服。羿犹不悛，将归自田，家众杀而亨之，以食其子。其子不忍食诸，死于穷门。靡奔有鬲氏。（杜曰：靡，夏遗臣事羿者。有鬲，国名，今平原鬲县。）浞因羿室生浇及豷。恃其谗慝诈伪，而不德于民。使浇用师灭斟灌及斟寻氏，处浇于过，处豷于戈。靡自有鬲氏收二国之烬以灭浞，而立少康。少康灭浇于过，后杼灭豷于戈。有穷由是遂亡，失人故也。昔周辛甲之为太史也，命百官，官箴王阙。于虞人之箴曰：'芒芒禹迹，画为九州。经启九道，民有寝庙，兽有茂草，各有攸处，德用不扰。在帝夷羿，冒于原兽，忘其国恤，而思其麀牡。武不可重，

用不恢于夏家。兽臣司原，敢告仆夫。'"（襄四年）

昔有仍氏生女，鬒黑而甚美，光可以鉴，名曰玄妻。乐正后夔取之，生伯封，实有豕心，贪惏无厌，忿类无期，谓之封豕。有穷后羿灭之，夔是以不祀。（昭二十八年）

伍员曰："不可，臣闻之，树德莫如滋，去疾莫如尽。昔有过浇，杀斟灌，以伐斟鄩，灭夏后相。后缗方娠，逃出自窦，归于有仍。生少康焉，为仍牧正。恷浇能，戒之。浇使椒求之，逃奔有虞，为之庖正，以除其害。虞思于是妻之以二姚，而邑诸纶，有田一成，有众一旅。能布其德，而兆其谋，以收夏众，抚其官职。使女艾谍浇，使季杼诱殪，遂灭过戈，复禹之绩。祀夏配天，不失旧物……"（哀元年）

（2）见于《论语》者

南宫适间于孔子曰："羿善射，奡荡舟，俱不得其死然。禹稷躬稼而有天下。"夫子不答。南宫适出，子曰："君子哉若人，尚德哉若人！"（《宪问》篇）

041

（3）见于《楚辞》者

羿淫以佚畋兮，又好射夫封狐。固乱流其鲜终兮，浞又贪夫厥家。浇身被强圉兮，纵欲而不忍。日康娱而自忘兮，厥首用夫颠陨。（《离骚》）

羿焉彃日？乌焉解羽？……帝降夷羿，革孽夏民。胡射夫河伯，而妻彼雒嫔？冯珧利决，封狶是射。何献蒸肉之膏，而后帝不若？浞娶纯狐，眩妻爰谋。何羿之射革，而交吞揆之？阻穷西征，岩何越焉？化为黄熊，巫何活焉？咸播秬黍，莆藋是营。何由并投，而鲧疾修盈？白蜺婴茀，胡为此堂？安得夫良药，不能固臧？天式从横，阳离爰死。大鸟何鸣，夫焉丧厥体？萍号起雨，何以兴之？撰体协胁，鹿何膺之？鳌戴山抃，何以安之？释舟陵行，何以迁之？惟浇在户，何求于嫂？何少康逐犬，而颠陨厥首？女歧缝裳，而馆同爰止，何颠易厥首，而亲以逢殆？（《天问》）

（4）见于《山海经》者

羿与凿齿战于寿华之野，羿射杀之，在昆仑虚东。羿持弓矢，凿持盾。一曰戈。（《海外南经》。按一曰戈三字，或是注文羼入者。）

有人曰凿齿，羿杀之。（《大荒东经》）

帝俊赐羿彤弓素矰以扶下国，羿是始去恤下地之百艰。（《海内经》）

非仁羿莫能上。（按仁字当为夷字之读，两字皆从人，形近故致误。）

（5）见于《吕氏春秋》者

夷羿作弓。（《勿躬》）

（6）见于《说文》者

羿，羽之羿风，亦古诸侯也，一曰射师。（四，羽部。）

𢎵，帝喾躬官，夏少康灭之。从开开声。论语曰："𢎵善射。"（十二，弓部。又同部弲下引《楚辞》"羿焉弲日"，羿亦作𢎵。）

又，《史记》于羿事不载，《正义》讥之。《世本》（见各辑本）谓夷羿作弓。《帝王世纪》所记羿事特详（见宋翔凤辑本）。然数书皆不出上文所举，故不录。

据以上材料，有数点须分解。

一、羿的地位。如罗泌所作传，及其比之于安史，则羿浞只是夏之叛臣。然此说完全无据，以上一切材料全不曾说羿是夏之属臣。然则夷羿必是夏之敌国之君，且此敌国之君并不等闲，以《天问》《山海经》所说，居然是天神，而奉天帝命降于下土者，为夷之君，自鉏迁穷桑，而为后人号为帝羿或曰羿帝。（《御览》八十二引《帝王世纪》）

二、夷为东方主。 此说可由其称夷羿及说文称羿为帝喾（据王国维考，即帝俊）射官，及其地望等事证之。

三、夷夏之争数十年，在夷一面经羿、羿二宗，在夏一面经相、少康二世，战斗得必然很厉害。《天问》所谓"阻穷西征"者，王逸解之曰："言尧放鲧羽山，西行度越岑岩之地，因堕死也。"洪兴祖补曰："羽山东裔，此云西征者，自西徂东也。上文言永遏在西山，夫何三年不施，则鲧非死于道路，此但言何以越岩险而至羽山耳。" 按王说无稽，洪已辩之，然洪强释西征曰自西徂东，古书中全无此文法。此处明明谓阻（即鉏）穷（石）之后帝羿西征，而越山岩，不然，西征一词全不可解，正不得以同韵之下句中说鲧化为黄熊事而谓此句亦是鲧事。

四、《左传》之神话故事已很伦理化，且《左传》之成分大体为晋、楚、鲁三国之语，而其立点是偏于西国夏周之正统传说，所以说羿、羿甚不好。但《山海经》之为书，虽已系统化，尚未伦理化，且记东方的帝系较多。这部书中所举夷羿事，很足以表显战国时羿、羿的传说尚甚盛。《山海经》与《天问》互相发明处甚多，《天问》称羿之重要全与

044

《山海经》合。所谓"羿焉彃日"，正在《天问》中论创世纪一节中，则羿本是天神。所谓"帝降夷羿"者，正《山海经》所谓"帝俊赐羿彤弓素矰，以扶下国，羿是始去恤下地之百艰"。《天问》一篇，本颇有次序，王逸以为不次序者，乃由于不知《天问》所陈是流行神话故事之次序，不与汉代人之古史传说同，故不能解（余另有说见他处），其羿浞之间插入鲧之一段若甚错乱者，当由于《天问》之次序乃神话之次序；一神话中有数人关涉者，则一次说出，不嫌前后错综。"阻穷西征，岩何越焉"一句，至下文"释舟陵行，何以迁之"，凡十二句中，有涉及鲧处，并有若干因失其神话而不可解之故事，皆可据上下文细绎之，以知其正是说夷夏交战事。此节盖谓羿、奡相继西征，曾越山地，自鲧永遏于羽山后，禹平水土，秬黍藋皆茂长，巫乃将鲧化为黄熊。（《天问》所记鲧事，与《左传》《尚书》等皆不同。《尚书》《左传》皆谓舜殛鲧于羽山，然《天问》云："永遏在羽山，夫何三年不施。"）当夏代危急，遂与能荡舟之奡战，适其时羿妻窃药而行（本文，"安得夫良药不能固藏"）并有其他怪异（"白蜺婴茀""天式从横"等语），于是大战得雨起山拵，荡舟者不得不释舟陵行，逃归其嫂，而卒为太康并得之。如此解来，则《论语》南宫括之问正甚明白。南宫括这话并不是泛举古帝王羿、奡、禹、稷而强比之，乃是论一段故事，东土强有力者失其国，西土务耕稼者有天下。《鲁语》上："昔烈山氏之有天下也，其子曰柱，能殖百谷百蔬。夏之兴也，周弃继之。"明禹、稷可作一事论。孔子对神话也如对鬼神一样敬而远之，且以其 "君子相" 之故，不愿于此等圣帝明王有所议论，故当面不答，而背后称赞南宫适对此神话之题旨西洋故事中所谓 Moral 者，甚能了解。若不如此，而是泛作一篇秦皇、汉武与汉文、宋仁之优劣论，殊不免于糊里糊涂。《论语》中论一事皆以一事为论，尚无策论八股气。南宫适这一段话，正可证明夷羿在当时的传说中并不大坏。若羿、奡不是当时神话中的大人物，何至与传说中功在生民之禹、稷相提并论，岂不不伦得很，不需要得很？

然则夷羿之故事，我们在现在尚可见到三种传说。一、以夷羿为自天而降甚高明者，《山海经》《天问》属之。二、以夷羿与夏后为对，而以为一崇力一崇德，故一兴一替者，此等之成败论人，《论语》记南宫适所问之背景如此。三、以夷羿为不合道理者，《左传》如此，然尚称之曰 "后"，记其曾 "因夏民而代夏政"（夏民者，夏所服属之民，不必改作夏族）。凡读一切神话故事，都须注意及同一题目常因流传之不同而其中是非倒置。此是一例，鲧亦是一例。同在《国语》中，《周语》下谓 "崇伯鲧播其淫心，称遂共工之过"，《鲁语》上谓 "鲧鄣洪水"，故夏后 "郊鲧"，《吴语》亦谓 "鲧禹之功"，我们不可不注意传说之演变及其道德批评之改易。

夏后一代中夷夏之争，不仅见于有穷后羿一段故事，夏代开国亡国时皆有同样的争斗。现在分别说。

（一）夏后启与伯益之争统。关于这件事，战国的传说有两种，一谓启益相让，二谓启益相争。

> 《孟子》：禹荐益于天。七年，禹崩。三年之丧毕，益避禹之子于箕山之阴。朝觐讼狱者，不之益而之启，曰："吾君之子也！"讴歌者不讴歌益，而讴歌启，曰："吾君之子也。"
>
> 《天问》：启代益作后，卒然离蠥。何启惟忧，而能拘是达？皆归射鞫，而无害厥躬？何后益作革，而禹播降？
>
> 古本《竹书》：益干启位，启杀之。（引见《晋书·束晳传》。《史通·疑古篇》《杂说篇》两引之。）

《孟子》的古史都是些伦理化的话，然这一段中还看出这个故事本来面目的背景，此背景即是说，代禹者几乎是益，而启卒得之。这话里虽不直说有何争执，但还可隐约看出对峙的形势来。至于《竹书》的话，虽不能即信，但益启之有争执，虽《孟子》的话中也表示个破绽。因为让争本是一事的两面，不是相争的形势，不需相让的态度。《天问》的话，因故事遗失不大好讲，然益称后，又曾一度革夏命，则甚明白。

我们再看伯益是如何人。经籍中有伯益伯翳二人，太史公在《陈杞世家》中分为二人，然在他处则不分。《索隐》议之曰："秦祖伯翳，解者以翳益别为一人。今言十一人，叙伯翳，而又别言垂益，则是二人也。且按《舜本纪》叙十人，无翳，而有彭祖。彭祖亦坟典不载，未知太史公意如何，恐多是误。然据《秦本纪》叙翳之功云，佐舜驯调鸟兽，与《尧典》'命益作虞，若予上下草木鸟兽'文同，则为一人必矣，今未详其所以。"按，此议甚是。太史公在此处诚糊涂。罗泌重申二人不同之说，然全无证，金仁山辩之曰：

> 《尚书》之伯益，即《秦纪》之柏翳也。秦声以入为去，故谓益为翳也。《秦纪》谓柏翳佐禹治水，驯服鸟兽，岂非书所谓随山刊本，暨益奉庶鲜食，益作朕虞，若予上下鸟兽者乎？其事同，其声同，而太史公独以书纪字异，乃析一人而二之，可谓误矣。唐虞功臣，独四岳不名，其余未有无名者。夫岂别有伯翳，其功如此，而书反不及乎？太史公于二帝本纪言益，见《秦本纪》为翳，则又从翳，岂疑而未决，故于《陈杞世家》叙伯益与伯翳为二乎？抑出于谈迁二手，故其前后谬误也？（梁玉绳说同，见《史记志疑·人表考》不具引。）

048

金氏此说甚明白，此疑可以更无问题。益翳既是一人，翳又为秦赵公认之祖，然则即是嬴姓之祖，亦即是徐方之祖，亦即是《逸周书·作雒解》所谓"周公立，相天子，三叔及殷东（东亦地域名，说别见）徐奄及熊盈以略"之盈族之祖，然则伯益正是源源本本的东夷之祖，更无疑义，益启之争，不即是夷夏之争吗？

（二）汤放桀，等于夷灭夏。商人虽非夷，然曾抚有夷方之人，并用其文化，凭此人民以伐夏而灭之，实际上亦可说夷人胜夏。商人被周人呼为夷，有经典可证，说另详。

然则夏后一代的三段大事，开头的益启之争便是夏夷争，中间的羿少康之争又是夷夏之争，末后的汤桀之争还是夷夏之争。夏代东西的斗争如此厉害，而春秋战国的大一统主义哲学家都把这些显然的史迹抹杀了，或曲解了！

四、诸夷姓

诸夏所在既如上章所述，与之对峙之诸夷，乃并不如诸夏之简单，所谓"夷"之一号，实包括若干族类，其中是否为一族之各宗，或是不同之族，今已不可详考，然各夷姓有一相同之处，即皆在东方，淮济下流一带。现将古来为人称为夷者各族，或其子孙列为东夷者，或其地望正所谓夷地者，分别疏解如下。

（一）太皞之族

太皞与太昊为一辞，古经籍多谓即是伏羲氏，或作包牺氏。关于太皞之记载见于早年经籍者如下：

《左传》僖二十一："任、宿、须句、颛臾，风姓也。实司大皞与有济之祀，以服事诸夏。邾人灭须句，须句子来奔，因成风也。成风为之言于公曰：'崇明祀，保小寡，周礼也；蛮夷猾夏，周祸也。若封须句，是崇皞、济而修祀，纾祸也。'"杜云："四国，伏羲之后。任，今任城县也。颛臾，在泰山南，武阳县东北。须句在东平须昌县西北。四国封近于济，故世祀之。"按，杜释有济误。有济正如有夏有殷，乃是古国名，四国其后，或其同姓耳。又昭十七："太皞氏以龙纪官，故为龙师而龙名。"

又同年："陈，太皞之虚也。"

《论语》："季氏将有事于颛臾……孔子曰：'昔者先王以为东蒙主，且在邦域之中矣，是社稷之臣也。何以伐为？'"按，此足证颛臾本为鲁之附国。

《易·系辞》下："古者庖牺氏之王天下也，仰则观象于天，俯则观法于地，观鸟兽之文与地之宜，近取诸身，远取诸物，于是始作八卦，以通神明之德，以类万物之情作结绳而为罔罟，以佃以渔，盖取诸离。"按，《御览》七百二十引《帝王世纪》与此大同，惟"作结绳"作"造书契以代结绳之政"，与此异。

《帝王世纪》："太昊帝庖牺氏，风姓也。蛇

051

身人首，有圣德，都陈。作瑟三十六弦。燧人氏没，庖牺代之，继天而王。首德于木，为百王先。帝出于震，未有所因，故位在东方。主春，象日之明，是称太昊。制嫁娶之礼，取牺牲以充庖厨，故号庖牺氏，后世音谬，故或谓之宓牺。"（《御览》七十八引作《皇王本纪》。自此以下皆据宋翔凤辑本。）

又："太皞帝庖牺氏，风姓也。母曰华胥。燧人之世，有大人之迹，出于雷泽之中，华胥履之，生庖牺于成纪，蛇身人首。有盛德，为百王先。帝出于震，未有所因，故位在东，主春，象日之明，是以称太皞。"（《礼记·月令正义》引）

又："女娲氏亦风姓也，承庖牺制度，亦蛇身人首。一号女希，是为女皇。其末，有诸侯共工氏，任知刑，以强伯，而不王，以水承木，非行次，故《易》不载。及女娲氏没，次有大庭氏、柏皇氏、中央氏、栗陆氏、骊连氏、赫胥氏、尊卢氏、混沌氏、昊英氏、有巢氏、朱襄氏、葛天氏、阴康氏、无怀氏，凡十五，皆袭庖牺之号。"（《御览》七十八）

又："庖牺氏作八卦。神农重之为六十四卦。黄帝尧舜引而伸之，分为二《易》。至夏人因炎帝曰《连山》，殷人因黄帝曰《归藏》。文王广六十四卦，著九六之爻，谓之周易。"

《古史考》："伏羲作瑟。"（《毛诗谱序正义》引）

又："庖牺作易，弘开大道。"（《书钞·帝王部》引）

综合上列诸说，归纳之可得下之二事。

一、太皞族姓之国部之分配，西至陈，东括鲁，北临济水，大致当今河南东隅，山东西南部之平原，兼包蒙峄山境，空桑在其中，雷泽在其域。古代共认太皞为东方之部族，乃分配于淮济间之族姓。

二、太皞继燧人而有此土，在古代之礼乐系统上，颇有相当之供献，在生活状态上，颇能作一大进步。当是已进于较高文化之民族，其后世并不为人所贱。在周代虽居采卫，而为"小寡"，世人犹以为"明祀"也。

（二）少皞之族

关于少昊之记载，见于早年经籍者如下：

《左》昭十七："郯子来朝，公与之宴。昭子问焉，曰：'少皞氏鸟名官，何故也？'郯子曰：'吾祖也，我知之。昔者黄帝氏以云纪，故为云师而云名。炎帝氏以火纪，故为火师而火名。共工氏以水纪，故为水师而水名。大皞氏以龙纪，故为龙师而龙名。我高祖少皞挚之立也，凤鸟适至，故纪于鸟，为鸟师而鸟名。凤鸟氏，历正也；玄鸟氏，司分者也；伯赵氏，司至者也；青鸟氏，司启者也；丹鸟氏，司闭者也；祝鸠氏，司徒也；鴡鸠氏，司马也；鸤鸠氏，司空也；爽鸠氏，司寇也；鹘鸠氏，司事也。五鸠，鸠民者也。五雉，为五工正，利器用，正度量，夷民者也。九扈为九农正，扈民无淫者也。自颛顼以来，不能纪远，乃纪于近，为民师而命以民事，则不能故也。'仲尼闻之，见于郯子而学之，既而告人曰：'吾闻之，天子失官，学在四夷，犹信。'"（按，此乃古代之图腾制。古代称图腾曰"物"，别说详。）

昭二十九："少皞氏有四叔，曰重，曰该，曰修，曰熙，实能金木及水。使重为句芒，该为蓐收，修及熙为玄冥。世不失职，遂济穷桑，此其三祀也。"（杜云，穷桑地在鲁北。按，即空桑。）

定四年："因商奄之民，命以伯禽，而封于少皞之虚。（据此，知曲阜为少皞氏之本邑。）"

《楚语》："及少皞之衰也，九黎乱德。民神杂糅，不可方物。"

《帝王世纪》："少昊帝，名挚，字青阳，姬姓也。母曰女节。黄帝时，有大星如虹，下流华渚，女节梦接，意感生少昊。是为玄嚣，降居江水。有圣德，邑于穷桑，以登帝位，都曲阜，或谓之穷桑。帝以金承上……故称少昊，号金天氏。"

（引见《御览》七十九）

《古史考》曰："穷桑氏，嬴姓也。以金德王，故号金天氏，或曰宗师太昊之道，故曰少昊。"（《太平御览·帝王部》引）

《海内经》："少暤生般，般是始为弓矢，帝俊赐羿彤弓素矰，以扶下国。"

综合以上所记，除其矛盾处以外，其地望大致与太暤同，而位于空桑之野之曲阜，尤为少暤之本邑。太暤少暤皆是部族名号，不是个人私名，在古代记载上本甚明白。所谓伏牺氏、金天氏者，亦非能名之于一人者。至战国末汉初年之易系，始有"尧舜氏"一类的名词。然"尧舜氏"亦是统指一派，而非单指一人。氏本为部类家族之义，《左传》及其他古籍皆如此用。至于太少二字，金文中本即大小，大小可以地域大小及人数众寡论，如大月氏、小月氏。然亦可以先后论，如大康、少康。今观太暤、少暤，既同处一地，当是先后有别。且太暤之后今可得而考见者，只风姓三四小国，而少暤之后今可考见者，竟有嬴、己、偃、允四著姓，当是少暤之族代太暤之族而居陈鲁一带。大暤族之孑遗，仅存大山之南，为零数小部落，而少皞一族，种姓蕃衍。春秋所谓淮夷，每从其姓，商末所谓奄人，亦是嬴姓。且秦赵之祖，皆称嬴姓，比起太皞来，真是有后福的了。今分述少皞四姓于下。

嬴。嬴姓国今可考者有商末之奄，淮夷之徐，西方之秦、赵、梁。（《左传》僖十七年，"梁嬴孕过期"）中原之葛，（僖十七，"葛嬴"）东南之江、黄。（《史记索隐》引《世本》）据《史记》，伯翳（按，即伯益，详下）为秦赵之祖，嬴姓之所宗。（《世本》同）秦赵以西方之国，而用东方之姓者，盖商代西向拓土，嬴姓东夷在商人旗帜下入于西戎。《秦本纪》说此事本甚明白。少皞在月令系统中为西方之帝者，当由于秦赵先祖移其传说于西土，久而成土著，后世作系统论者，遂忘其非本土所生。《史记》载嬴氏之西封如下：

《秦本纪》："秦之先，帝颛顼之苗裔。（按，颛顼在古帝系统中应属东系，说别详。）孙曰女修。女修织，玄鸟陨卵。女修吞之，生子大业（此东夷之传说，辨详上文）。大业取少典之子，曰女华。女华生大费，专禹平水土。已成，帝锡玄圭。禹受曰：'非予能成，亦大费为辅。'帝舜曰：咨尔费，赞禹工，其赐尔皂游，尔后嗣将大出。'乃妻之姚姓之玉女，大费拜受。佐舜调驯鸟兽，鸟兽多驯服（按，此即皋陶谟之伯益故事）。是为柏翳，舜赐姓嬴氏。大费生子二人，一曰大廉，实鸟俗氏（按，此即所谓少皞以鸟纪官）。二曰若木，实费氏（按，鲁有费邑，见《左传》《论语》，当即费氏之故居。曲阜为少皞之墟，费氏之居去之不远也）。其玄孙曰费昌，子孙或在中国，或在夷狄。费昌当夏桀之时，去夏归商，为汤御，以败桀于鸣条（此盖汤创业时，先服东夷，后克夏后，故费昌在汤部队中）。大廉玄孙曰孟戏，中衍，鸟身人言。帝太戊闻雨卜之使御，吉，遂致使御而妻之。自太戊以下，中衍之后，遂世有功，以佐殷国，故嬴姓多显，遂为诸侯。其玄孙中潏，在西戎，保西垂（此盖殷人拓土西陲，东夷之费氏为之守戍，遂建部队于西陲）。生蜚廉，蜚廉生恶来，恶来有力，蜚廉善走，父子俱以材为事殷纣。周武王之伐纣，并杀恶来。是时蜚廉为纣石北方，还无所报，坛霍太山而救。得石棺，铭曰："帝令处父不与殷乱，赐尔石棺。"以华氏死，遂葬于霍太山。蜚廉复有子曰季胜。季胜生孟增，孟增幸于周成王，是为宅皋狼（《赵策》："智伯之赵，请皋狼之地。"益智伯自大，故请人之皋狼。在汉为县。曰"宅皋狼"者，谓居于皋狼也）。皋狼生衡父，衡父生造父。造父以御幸于周缪王，得骥

057

温骊骅骝騄耳之驷。西巡狩，乐而忘归。徐偃玉作乱，造父为缪王御，长驱归周以救乱。缪王以赵城封造父，造父族由此为赵氏。自蜚廉生季胜已下五世至造父。别居赵，赵衰其后也。恶来革者，蜚廉子业，早死，有子曰女防。女防生旁皋，旁皋生太几，太几生大骆，大骆生非子。以造父之宠，皆蒙赵城，姓赵氏。非子居犬丘，好马及畜，善养息之。犬丘人言之周孝王，孝王召使主马于汧渭之间，马大蕃息。孝王欲以为大骆适嗣。申侯之女，为大骆妻，生子成，为适。申侯乃言孝王曰：‘昔我先郦山之女，为我戎胥轩妻，生中潏。以亲故，归周，保西垂。西垂以其故和睦。今我复与大骆妻，生适子成。申骆重婚，西戎皆服，所以为王，王其图之。’（按，周人惯称殷人曰戎，"戎商必克"，"殪戎殷"，皆其证。则称胥轩为戎者，当亦因其为东方族类也。嬴姓〔费氏〕为商人置之西垂后，婚于西戎之姜姓，〔申为姜姓，则郦山氏亦当为姜姓。〕所生之子，在殷周之末，以母系故，归顺周人。所谓"西垂和睦"者，此其义也。）于是孝王曰：‘昔柏翳为舜主畜，畜多息，故有土，赐姓嬴。今其后世亦为朕息马，朕其分土为附庸，邑之秦，使复续嬴氏祀。’号曰秦嬴，亦不废申侯之女子为骆适者，以和西戎。秦嬴生秦侯。"

（按，秦史记未与六国同亡，太史公书所记秦之先世必有所本，且此说正与少皞之其他传说相合，纵使秦有冒充之嫌，其由来已久矣。）

《赵世家》："赵氏之先，与秦共祖。至中衍，为帝大戊御。其后世蜚廉，有子二人，而命其一子曰恶来。事纣，为周所杀，其后为秦。恶来弟曰季胜，其后为赵。季胜生孟增，孟增幸于周成王，是为宅皋狼。皋狼生衡父，衡父生造父，造父幸于周缪王。造父取骥之乘匹与桃林盗骊骅骝騄耳献之缪王。缪王使造父御，西巡狩，见西王母，乐之忘归。而徐偃王反，缪王日驰千里马，攻徐偃王，大破之。乃赐造父以赵城，由此为赵氏。"

按，伯翳即伯益（说前详）。伯益与夏有争统之事，其人亦号有平水土之功，已见上文论夷夏交胜一章中，此亦嬴为东夷姓之一证。又《逸周书·作雒解》："周公立，相天子，三叔及殷东徐奄及熊盈以略……凡所征熊盈族十有七。"所谓熊者，或是楚之同族（按楚芈姓，而其王名皆曰熊某。金文中熊作酓），所谓盈者，当即嬴之借字。又，宣八年《左传》经文，"夫人嬴氏薨""葬我小君敬嬴"。《公》《穀》经文皆作"熊氏""顷熊"，因此近人有疑熊嬴为一名者。然楚王号之熊字本借字，其本字在金文为酓，不可强比。《作雒解》熊嬴并举，不可以为一。且果熊嬴是一姓者，《郑语》详述祝融八姓，不应略此重事，反曰"姜、嬴、荆、芈，实与诸姬代相干"。从此可知嬴熊二词同源之说之无根。果此说不误，则《书》所谓践奄，即《逸周书》所谓略盈族也。此固未可谓为确证，然求之地望，按之传说，差为近是矣。

又《秦本纪·赞》记嬴姓诸氏云："秦之先为嬴姓，其后分封以国为姓。有徐氏、郯氏、莒氏、终黎氏、运奄氏、菟裘氏、将梁氏、黄氏、江氏、修鱼氏、白冥氏、蜚廉氏、秦氏。然秦以其先造父，封赵城，为赵氏。"此亦东方之徐郯、西方之秦赵，同出一祖之证。

己。按，己本祝融八姓之一。然《世本》云："莒己姓。"（隐二正义引）杜预云："少暤金天氏，己姓之祖也。"（昭十七注）又云："莒嬴姓，少昊之后。周武王封兹舆于莒，初都计，后徙莒，今城阳莒县是也。《世本》自纪公以下为己姓，不知谁赐之姓者。"（隐二正义引杜预《世族谱》）据此，祝融八姓之己与莒国之己本非一源，不可混为一事。莒之中道改姓，殊费解。按之文七年《左传》，"穆伯娶于莒，曰戴己"，是莒己姓有明证，改姓之说，虽或由于"易物"，究不能证明或反证之。今应知者，所谓己姓，不出同一之祖，或祖祝融，或祖少暤，或祖黄帝。下文之表，但以祖少暤者为限。

偃。皋陶之后为偃姓，偃姓与嬴姓之关系，可以皋陶与少暤之关系推求之。自《列女传》曹大家注，以为"皋陶之子伯益"（《诗·秦风》疏引），郑玄以为"伯翳实皋陶之子"（《诗谱·秦风》），王符以为"皋陶……其子伯翳"（《潜夫论·氏姓》），此说在后世著书者遂多所尊信。梁玉绳详辨此说之非（《史记志疑》十九，《人表考二，许繇下》），其所举证多近理，至其举《左传》臧文仲皋陶庭坚不祀之叹，以证徐秦之不祖皋陶，即皋陶非伯益之父，尤为确不可易。然古代传说中既有此盛行之一说，自当有所本，盖"皋益同族而异支"（梁玉绳语），以族姓论，二者差近；以时代论，皋陶氏略先于伯益。后世之追造《世本》者（周末此风甚炽，帝系即如此出来者），遂以为伯益父皋陶矣。今固不当泥于皋陶为伯益父之说，同时亦当凭此传说承认偃嬴二宗，种姓上有亲属关系。

然则皋陶之皋，当即大皞、少皞之皞，曰皋陶者，皋为氏，陶为名，犹丹朱商均，上字是邑号，下字是人名。《易林》需之大畜称之曰陶叔，足证陶为私名。《路史·后纪七》云："封之于皋，是曰皋陶。"（按，《路史》卖弄文词而不知别择，好以己意补苴旧文，诚不可据。然宋时所见古书尚多，《世本》等尚未佚，《路史》亦是一部辑佚书，只是书辑得不合法度而已，终不当尽屏而不取。）此说或有所本，亦可为此说之一旁证。皋陶之裔分配在英六群舒之地，似去徐州嬴姓较远，然若信皋陶之陶，即少皞之皞，又知周初曾压迫熊盈（即嬴）之族，所谓平淮夷，惩舒人，皆对此部类用兵者，则当知此部类古先所居，当较其后世所居偏北，少皞之虚，未尝不可为皋陶之邑。

所有少皞诸姓国之地望，今列表如下：

国	姓	时 代	地 望	附 记
郯	嬴（见《史记》《汉志》《潜夫论》）己（《杜说》）	始建国不知在何时，当为古代部落，春秋后始亡。	今山东有郯城县。	《汉·地理志》，"郯嬴姓国"；《春秋》文四年见。杜于郯姓未明说，然昭十七传云："郯氏来朝……昭子问焉，曰：'少皞氏鸟名官，何故也？'郯子曰：'吾祖也。'"杜云："少皞金天氏，己姓之祖也。"是杜意以郯为己姓。
莒	嬴、己（二姓或同出一源，见前说）	始建国不知在何时，当为古代部落，春秋后灭于楚。	杜云："今城阳莒县。"	
奄	嬴（《左传》昭二疏，襄二十疏引《世本》）	商代东方大国，灭于周初。	奄在鲁境。	定四："因商奄之民，命以伯禽，而封于少皞之虚。"按，克商为武王事，践奄为周公事，是奄亡于周公成王时。
徐	嬴（见《左传》《史记》等）	殷时旧国，西周中曾一度强大称王。西伐济河，见《檀弓》。齐桓时服事诸夏，后灭于楚。	其本土应在鲁，后为周公、鲁公逐之，保淮水。《左传》僖三年，杜注："徐国在下邳僮县东南。"	《书·费誓》《诗·大雅》《小雅》《鲁颂》《逸周书·作雒解》等，多记徐事，金文中自称郐王。
江	嬴（《陈杞世家·索隐》引《世本》）	不知建国于何时。文四年，灭于楚。	杜云"江国在汝南安阳县。"	《索隐》引《世本》江黄并嬴姓。

国	姓	时代	地望	附记
黄	嬴（同上）	不知建国于何时，僖十二年灭于楚。	杜云："黄国今弋阳县。"	
赵	嬴（见《左传》《史记》等）	《秦本纪》，缪王以赵城封造父。自晋献公时，赵氏世为晋大夫始大。	《集解》引徐广云："赵城在河东永安县。"《正义》引《括地志》云："今晋州赵城县本彘县地，后改永安即造父之邑。"	
秦	嬴（同上）	《秦本纪》周孝王封非子，邑之秦。	《集解》引徐广曰："今天水陇西县秦亭。"	
梁	嬴（见《左传》《潜夫论》）	不知何时建国，僖十九灭于秦。	杜云："梁国在冯翊夏阳县。"	
葛	嬴（见《左传》《潜夫论》）	《春秋》桓十五，葛人来朝。	杜云："梁国宁陵县东北。"	《左传》僖十七，有葛嬴为齐桓众夫人之一。据《孟子》，葛与汤为邻。春秋嬴姓之葛与古葛有若何关系，今不可考。
菟裘	嬴（见《史记》《潜夫论》）	隐十一："公曰……使营菟裘。"盖春秋前已亡，为鲁邑。	《寰宇记》："菟裘故城在泗水县北五十里。"	
费	嬴（《史记·秦本纪》）	《书》有《费誓》，盖灭于周初。	春秋鲁邑，后为季氏私邑，今犹名费县。	《书·费誓》盖即对徐方嬴姓族用兵之誓。

国	姓	时 代	地 望	附 记
群舒	偃（文十二疏引《世本》。杜注）	群舒部落，位于淮南。春秋时初灭于徐，卒灭于楚。	僖五，杜曰："舒国今庐江舒县。"	《左传》文十二："群舒叛楚。"杜曰："群舒偃姓，舒庸舒鸠之属。今庐江有舒城，舒城西南有龙舒。"《正义》曰："《世本》，偃姓，舒庸，舒蓼，舒鸠，舒龙，舒鲍，舒龚。以其非一，故言属以包之。"
六	偃（《陈杞世家索隐》引《世本》）	《春秋》文五："楚人灭六。"	杜云："今庐江六县。"	
蓼	偃（同上）	《左传》文五："楚子灭蓼。"	杜云："今安丰蓼县。"	《左传》文五："楚子燮灭蓼。臧文仲闻六与蓼灭，曰：'皋陶庭坚，不祀忽诸！德之不建，民之无援。哀哉。'"
英氏	偃（同上）	《春秋》僖十七年："齐人徐人伐英氏。"杜云："英氏，楚与国。"又《陈杞世家》"皋陶之后，或封英六，楚穆主灭之。"		

　　以上所列，但以见于《左传》《史记》《世本》佚文、左氏杜注者为限，《潜夫论》所举亦略采及，至于《姓纂》《唐宰相世系表略》等书所列，材料既太后又少有头绪，均不列入。

　　据上表，足知少皞后世之嬴姓一支（宗少皞之己姓国在内）分配在今山东南境、河南东端，南及徐州一带。殷代有奄，为大国。有费，鲁公灭之。益鲁地本嬴姓本土，所谓"奄有龟蒙，遂荒徐宅，至于海邦，淮夷蛮貊"，是指周人略嬴族之故事。因周人建国于奄土，嬴姓乃南退保淮水，今徐州一带。及周人势力稍衰，又起反抗，西伐济河。周人只能压迫之，却不能灭之，故曰"徐方不回，三日旋归"，可见是灭不了的。入春秋，徐始式微，而殷人所置嬴姓在西土者，转而强大，其一卒并天下。其别系偃姓在今安徽北部、河南东南隅以及湖北东境者，当亦西周时淮夷部队中人，入春秋，为楚所并。夏商虽有天下，其子孙犹不若此之延绵。若东方人作三代系统，必以之为正统无疑。

此外，"夷"名号下之部落，有有穷后羿，即所谓夷羿，说已见前。又有所谓伯夷者，为姜姓所宗，当与叔齐同为部族之号，别见姜姓篇。又祝融八姓之分配在东海者，亦号曰夷，别见祝融八姓篇，今俱不入此文。

又殷有所谓人方者，似不如释作夷方，其地不知在何处。董彦堂先生示我甲骨文一片，其词云"……在二月，在齐敕，佳王来正人方"，是夷方当在济水流域中矣。

上列各部族国邑皆曾为人呼之曰夷，或其后世为人列于夷之一格中。综合其区域所包括，西至今河南之中心，东尽东海，北达济水，南则所谓淮夷徐舒者皆是。这个分布在东南的一大片部族，和分布在偏于西方的一大片部族名诸夏者，恰恰成对峙的形势。这里边的部族，如太皞，则有制八卦之传说，有制嫁娶用火食之传说。如少皞，则伯益一支以牧畜著名，皋陶一支以制刑著名。而一切所谓夷，又皆以弓矢著名。可见夷之贡献于文化者不少。殷人本非夷族，而抚有夷之人民土地，故《吕览》曰："商人服象，为虐于东夷。"虽到宋襄公，还是忘不了东夷，活活地牺牲了夏代的后人以取悦于东夷。殷曾部分地同化于夷，逸书曰"纣越厥夷居而不事上帝"，似乎殷末已忽略其原有之五方帝的宗教，改从夷俗，在亡国时飞廉恶来诸夷人犹为之死。周武王灭商之后，周公之践奄憨熊盈国，鲁公成王之应付"淮夷徐戎并兴"，仍全是夷夏交争之局面，与启益间、少康羿浞间之斗争，同为东西之斗争。西周盛时，徐能西伐济于河，俨然夷羿陵夏之风势。然经籍中所谓虞夏商周之四代，并无夷之任何一宗，这当是由于虞夏商周四代之说，乃周朝之正统史观，不免偏重西方，忽略东方。若是殷人造的，或者以夷代夏。所谓"裔（疑即衣〔殷〕字）不谋夏，夷不乱华"者，当是西方人的话。夏朝在文化上的贡献何若，今尚未有踪迹可寻，然诸夷姓之贡献却实在不少。春秋战国的思想家在组织一种大一统观念时，虽不把东夷放在三代之系统内，然已把伯夷、皋陶、伯益放在舜禹庭中，赓歌揖让，明其有分庭抗礼的资格（四岳为姜姓之祖，亦是另一部落。非一庭之君臣，乃异族之酋长。说详姜姓篇）。《左传》中所谓才子不才子，与《书·尧典》《皋陶谟》所举之君臣，本来是些互相斗争的部族和不同时的酋长或宗神，而哲学家造一个全神堂，使之同列在一个朝庭中。"元首股肱"，不限于千里之内、千年之间。这真像希腊的全神堂，本是多元，而希腊人之综合的信仰，把他们硬造成一个大系。只是夷夏列国列族的地望世系尚不尽失，所以我们在今日尚可从哲学家的综合系统中，分析出族部的多元状态来。

五、总结上文

　　说到这里，我们可以综合前几章中所论的结果，去讨论古代中国由部落进为王国（后来又进为帝国）的过程中，东西对峙的总局面。

　　随便看一个有等高线的中国地图，例如最近《申报》出版的丁文江、翁文灏、曾世英合著的《中国分省图》，不免觉得黄河下流及淮济流域一带，和太行山及豫西群山以西的地域，有个根本的地形差别。这样东边的一大片，是个水道冲积的大平原，除山东半岛上有些山地以外，都是些一二百米以下的平地，水道改变是极平常的事；若非用人工筑堤防，黄河直无水道可言。西边的一大片是些夹在山中的高地，城市惯分配在河流的两岸。平汉铁路似乎是这个东西地形差别的好界线，不过在河南省境内郑州以下东平原超过平汉线西面几百里，在湖北情形更不整齐了。

我们简称东边一片平地曰东平原区，简称西边一片夹在大山中的高地曰西高地系。

东平原区是世界上极平的大块土地之一，平到河流无定的状态中，有人工河流始有定路，有堤防黄河始有水道，东边是大海，还有两个大半岛在望，可惜海港好的太少，海中岛屿又太少，是不能同希腊比的。北边有热、察两省境的大山做屏障，只是这些山脉颇有缺口，山外便是直把辽洮平原（外国书中所谓满洲平原）经天山北路直到南俄罗斯平原连作一气的无障大区域，专便于游牧人生活的。东平原本有她的姊妹行，就是辽洮平原，不过两者中间以热河山地之限制，只有沿海一线可通，所以本来是一个的，分而为不断的两个了。辽洮平原与东平原的气候颇有差别，这个差别在初期农业中很有意义的，但此外相同处远在东平原与任何平原之上。东平原如以地平论，南端可以一直算到浙西，不过南渡淮水不远，雨量也多了，溪沼也多了，地形与地利全不是一回事了。所以我们的东平原中可有淮南，却不能有江北。东平原中，在古代有更多的泽渚为泄水之用，因垦地及人口之增加，这些泽渚一代比一代少了。这是绝好的大农场而缺少险要形胜，便于扩大的政治，而不便于防守。

西高地系是几条大山夹着几条河流造成的一套高地系。在这些高地里头关中高原最大，兼括渭泾洛三水下流冲积地，在经济及政治的意义上也最重要。其次是汾水区，汾水与黄河夹着成下个"河东"，其重要仅次于渭水区。又其次是伊雒区，这片高地方本不大，不过是关中河东的东面大口，自西而东的势力，总要以雒阳为控制东平原区的第一步重镇。在这三片高地之西，还有陇西区，是泾渭的上游。有洮湟区，是昆仑山脚下的高地。在关中之北，过了洛水的上游，又是大块平的高原了。这大高原在地形上颇接近蒙古高原，甚便于游牧人，如无政治力量，阴山是限不住胡马的。在这三片之南，过了秦岭山脉，便是汉水流域。汉水流域在古代史上大致可分汉中、江汉、汉东三区。就古代史的意义说，汉水是长江的正原，不过这一带地方，因秦岭山脉之隔绝，与我们所谓西高地系者不能混为一谈。西高地系在经济的意义上，当然不如东平原区，然而也还不太坏，地形尤其好，攻人易而受攻难。山中虽不便农业，但天然的林木是在早年社会发展上很有帮助的，陵谷的水草是便于畜牧的。这样的地理形势，容易养成强悍部落。西高地系还有一个便利处，也可以说是一种危险处就是接近西方，若有文化自中央亚细亚或西方亚细亚带来，它是近水楼台。

人类的住家不能不依自然形势，所以在东平原区中好择高出平地的地方住，因而古代东方地名多叫作丘。在西高地系中好择近水流的平坦地住，因而古代西方地名多叫作原。

在前四章中，我们把夷夏殷的地望条理出来，周代之创业岐阳又是不用证的。现在若把他们分配在本章的东西区域，我们可说夷与殷显然属于东系，夏与周显然属于西系。

同在东区之中，殷与夷又不同。诸夷似乎以淮济间为本土，殷人却是自北而南的。殷人是不是东方土著，或是从东北来的，自是可以辨论的问题，却断乎不能是从西北来的，如太史公所说。他们南向一过陇海线，便向西发展，一直伸张到陕甘边界或更西。夷人中，虽少皞一族，也不曾在军事上、政治上有殷人的成功。但似乎人口非常众多，文化也有可观。殷人所以能建那样一个东起辽海西至氐羌的大帝国，也许是先凭着蓟辽的武力，再占有淮济间的经济与人力，所以西向无敌。

同在西系之中，诸夏与周又不尽在一处。夏以河东为土，周以岐渭为本。周在初步发展时，所居比夏更西，但他们在东向制东平原区时，都以雒邑为出口，用同样的形势临制东方（夏都洛阳说，考见《求古录·礼说》）。

因地形的差别，形成不同的经济生活、不同的政治组织，古代中国之有东西二元，是很自然的现象。不过，黄河、淮水上下流域到底是接近难分的地形。在由部落进为帝国的过程达到相当高阶段时，这样的东西二元局势自非混合不可，于是起于东者，逆流压迫西方。起于西者，顺流压迫东方。东西对峙，而相争相灭，便是中国的三代史。在夏之夷夏之争，夷东而夏西。在商之夏商之争，商东而夏西。在周之建业，商奄东而周人西。在东方盛时，"自彼氐羌，莫敢不来享，莫敢不来王，曰商是常"。在西方盛时，"东人之子，职劳不来。西人之子，粲粲衣服"。秦并六国，虽说是个新局面，却也有夏周为他们开路。关东亡秦，虽说是个新局面，却也有夷人"释舟陵行"，殷人"覃及鬼方"，为他们做前驱。且东西二元之局，何止三代，战国以后数百年中，又何尝不然？秦并六国是西胜东，楚汉亡秦是东胜西，平林赤眉对新室是东胜西，曹操对袁绍是西胜东。不过，到两汉时，东西的混合已很深了，对峙的形势自然远不如三代时之明了。到了东汉，长江流域才普遍的发达。到孙氏，江南才成一个政治组织。从此少见东西的对峙了，所见多是南北对峙的局面。然而这是汉魏间的新局面，凭长江发展而生之局面，不能以之追论三代事。

现在将自夏初以来"东西对峙"的局面列为一表，以醒眉目。

正线的东西相争		结　　局	斜线的东西相争		结　　局
东	西		东	西	
夷——夏		东西互胜，夷曾一度灭夏后氏，夏亦数度克夷，但夏终未尽定夷地。	殷——鬼方 淮夷——周		东胜西 虽淮夷曾再度危及成周，终归失败。
商——夏 殷——周 六国——秦 陈项等——秦 楚——汉		东胜西 西胜东 西胜东 东胜西 西胜东			

据此表，三代中东胜西之较少，西胜东之事甚多。胜负所系，不在一端，或由文化力，或由战斗力，或由组织力。

大体说来，东方经济好，所以文化优。西方地利好，所以武力优。在西方一大区兼有巴蜀与陇西之时，经济上有了天府，武力上有了天骄，是不易当的。然而东方的经济人文，虽武力太失败，政治上一时不能抬头，一经多年安定之后，却是会再起来的。自春秋至王莽时，最上层的文化只有一个重心，这一个重心便是齐鲁。这些话虽在大体上是秦汉的局面，然也颇可以反映三代的事。

谈到这里，读者或不免要问，所谓东平原区，与所谓西高地系，究竟每个有没有它自己的地理重心，如后世之有关洛、邺都、建业、汴京、燕山等。答曰：在古代，社会组织不若战国以来之发达时，想有一个历代承继的都邑是不可能的。然有一个地理的重心，其政治的、经济的、因而文化的区域，不随统治民族之改变而改变，却是可以找到的。这样的地理重心，属于东平原区者，是空桑，别以韦为辅。属于西高地系者，是雒邑，别以安邑为次。请举其说如下：

在东平原区中，其北端的一段，当今河北省中部偏东者，本所谓九河故道，即是黄河近海处的无定冲积地。这样地势，在早期社会中是很难发达的，所以不特这一段（故天津府、河间府、深冀两直隶州一带）在夏殷无闻，就是春秋时也还听不到有何大事在此地发生。齐燕之交，仿佛想象有一片瓯脱样的。到了春秋下半，凭借治水法子之进步（即是堤防的法子进步，所谓以邻国为壑），这一带"河济间之沃土"，始关重要。这样的一块地方，当然不能成为早期历史中心的。至于山东半岛，是些山地，便于小部落据地固守，在初时的社会阶段之下，亦难成为历史的重心。只有这个大平原区的南部，即是西起陈、东至鲁一带，是理想的好地方，自荥泽而东，接连不断地有好些蓄水湖泽，如荷泽、孟诸等，又去黄河下游稍远，所以天然的水患不大，地是最肥的，交通是最便当的。果然，历史的重心便在此地排演。太昊都陈，炎帝自陈徙曲阜（《周本纪·正义》引《帝王世纪》）。曲阜一带，即空桑之地。穷桑有穷，皆空桑一名之异称。所谓空桑者，在远古是一个极重要的地方。少昊氏的大本营在这里，后羿立国在这里，周公东征时的对象奄国在这里，这些事都明白指示空桑是个政治中心。五祀之三，勾芒、蓐收、玄冥起于此地（《左传》昭二十九及他书），后羿立国在此地。此地土著之伊尹，用其文化所赋之智谋，以事汤，遂灭夏。此地土著之孔子凭借时势，遂成儒宗。这些事都明白指示空桑是个文化中心。古代东方宗教中心之大山、有虞氏及商人所居之商丘，及商人之宗邑蒙亳，皆在空桑外环。这样看，空桑显然是东平原区之第一重心，政治的及文化的。

在东平原区中，地位稍次于空桑之重心的，是邶。邶读如衣，衣即是殷（见《吕氏·慎大览》高诱注）。殷地者，其都邑在今河南省北端安阳县境，汤灭韦而未都，其后世自河南迁居于此。在商人统治此地以前，此地之有韦，大约是一个极重要的部落，所以《诗·商颂》中拿它和夏桀并提。

商人迁居此地之目的。大约是求便于对付西方，自太行山外而来的戎祸，即所谓鬼方者，恰如明成祖营北平而使子孙定居，是为对付北鞑者一般。商人居此地数百年，为人称曰殷商，即等于称在殷之商。末世虽号称都朝歌，朝歌实尚在邶地范围，所以成王封唐叔于卫，曰"封于殷虚"（定四）。此地入周朝，犹为兵政之重镇（看白懋父敦等）。又八百年后入于秦，为东郡，又成控制东方之重镇。到了汉末，邺为盛都，五胡时，割据中原者多都之，俨然为长安雒阳的敌手。

在西高地系内，正中有低地一条，即汾洛泾渭伊雒入河之规形长条，此长条在地形上之优点，地图已明白宣示，不待历史为它说明。它是一群高地所环绕的交通总汇，东端有一个控制东平原的大出口。利用这个形势成为都邑，便是雒阳。如嫌雒阳过分出于形胜的高地之外，则雒阳以西经过崤函之固，又过了河，便是安邑。雒阳为夏周两代所都，其政治的重要不待说（夏亦曾都雒阳，见《求古录·礼说》）。安邑一带，是夏代之最重要区域。在后世，唐叔受封，而卒成霸业。魏氏受邑，而卒成大名。直到战国初，安邑仍为三晋领袖之魏国所都，用以东临中原，西伺秦胡者。河东之重要，自古已然，不待刘渊作乱、李氏禅隋，方才表显它的地理优越性。

以上所举，东方与西土之地理重心，在东平原区中以南之空桑为主，以北之有邶为次；在西高地系中，以外之雒阳为主，内之安邑为次，似皆是凭借地形，自然长成，所以其地之重要，大半不因朝代改变而改变。此四地之在中国三代及三代以前史中，恰如长安、雒邑、建康、汴梁、燕山之在秦汉以来史。秦汉以来，因政治中心之迁移，有此各大都邑之时隆时降。秦汉以前，因部落及王国之势力消长，有本文所说。四个地理重心虽时隆时降，其为重心却是超于朝代的。认识此四地在中国古代史上的意义，或者是一件可以帮助了解中国古代史"全形"的事。

（原载1933年1月《国立中央研究院历史语言研究所集刊》外编第一种《庆祝蔡元培先生六十五岁论文集》）

姜
原

一、姜之世系

　　《左传》一部书是如何成就的，我们现在还不能确切地断定；但，一、必不是《春秋》的传；二、必与《国语》有一亲密的关系；则除去守古文家法者外，总不该再怀疑了。《国语》《左传》虽是混淆了的书，但确也是保存很多古代史料的书。例如古代世系，这书中的记载很给我们些可供寻思的材料。世系的观念它们有，它们又有神话，结果世系和神话混为一谈。民族的观念，它们没有，但我们颇可因它们神话世系的记载寻出些古代的民族同异的事实来。

　　譬如姜之一姓，《国语》中有下列的记录：

　　　　昔少典娶于有蟜氏，生黄帝、炎帝。黄帝以姬水成，炎帝以姜水成；成而异德，故黄帝为姬，炎帝为姜，二帝用师以相济也，异德之故也。异姓则异德，异德则异类。异类虽近，男女相及，以生民也。同姓则同德，同德则同心，同心则同志。同志虽远，男女不相及，畏黩敬也。（《晋语》四）

姜嬴荆芈，实与诸姬代相干也。姜，伯夷之後也；嬴，伯翳之后也。伯夷能礼于神以佐尧者也，伯翳能议百物以佐舜者也。其後皆不失祀而未有兴者。周衰，其将至矣！（《郑语》）

昔共工弃此道也，虞于湛乐，淫失其身；欲壅防百川，堕高堙庳，以害天下。皇天弗福，庶民弗助，祸乱并兴，共工用灭。其在有虞，有崇伯鲧播其淫心，称遂共工之过，尧用殛之于羽山。其后伯禹念前之非度，厘改制量，象物天地，比类百则，仪之于民，而度之于群生。共之从孙四岳佐之，高高下下，疏川导滞，锺水丰物，封崇九山，决汩九川，陂鄣九泽，丰殖九薮，汩越九原，宅居九隩，合通四海。故天无伏阴，地无散阳，水无沈气，火无灾燀，神无间行，民无淫心，时无逆数，物无害生。帅象禹之功，度之于轨仪，莫非嘉绩，克厌帝心。皇天嘉之，祚以天下，赐姓曰姒，氏曰有夏，谓其能以嘉祉殷富生物也。祚四岳国，命以侯伯，赐姓曰姜，氏曰有吕，谓其能为禹股肱心膂，以养物丰民人也。此一王四伯，岂繄多宠？皆亡王之后也！唯能厘举嘉义，以有胤在下，守祀不替其典。

有夏虽衰，杞、鄫犹在；申、吕虽衰，齐、许犹在。唯有嘉功，以命姓受祀，迄于天下，及其失之也，必有慆淫之心闲之。故亡其氏姓，踣毙不振，绝后无主，湮替隶圉。夫亡者岂繄无宠？皆黄炎之后也！（《周语》下）

昔烈山氏之有天下也，其子曰柱，能殖百谷百蔬。夏之兴也，周弃继之，故祀以为稷。共工氏之伯九有也，其子曰后土，能平九土，故祀以为社。（《鲁语》上）

齐许申吕由太姜。（《周语》中）

又《诗·大雅·生民》，"厥初生民，实为姜嫄"。《诗·鲁颂·閟宫》，"赫赫姜嫄，其德不回"。周以姬姓而用姜之神话，则姬周当是姜姓的一个支族，或者是一更大之族之两支。根据上列记载，可得下列之表。

```
            ┌ 姜（炎帝）—共工 ┐
少典 ┤                      └ 伯夷—四岳国—齐许申吕诸国
            └ 姬（黄帝）
```

二、姜之地望

在西周封建的事迹中，有一件事很当注意者，就是诸侯的民族不必和他所治的民族是一件事。譬如勾吴，那地方的人民是断发文身的，而公室是姬姓；晋，那地方的人民是唐国之遗，而公室是姬姓；虞，那地方是有虞，而公室又是姬姓。齐之民族必是一个特异的民族，可以《史记·封禅书》《汉书·郊祀志》及传记所载齐人宗教之迹为证，但公室乃是四岳之后，后来又是虞之后了。认清这件事实，然后可以不根据齐民族之特异，论到姜姓之公室。

姜姓国见之于载记者，有下列数国。

许

申

吕　或作甫

以上所谓四岳国，在今河南中部向西南镜山中。

姜戎（《左传》襄十四年）：将执戎子驹支。范宣子亲数诸朝，曰："来！姜戎氏！昔秦人迫逐乃祖吾离于瓜州，乃祖吾离被苫盖，蒙荆棘，以来归我先君。我先君惠公有不腆之田，与女剖分而食之。今诸侯之事我寡君不知昔者，盖言语漏泄，则职女之由。诘朝之事，尔无与焉！与将执女！"对曰："昔秦人负恃其众，贪于土地，逐我诸戎。惠公蠲其大德，谓我诸戎是四岳之裔胄也，毋是翦弃。赐我南鄙之田，狐狸所居，豺狼所嗥。我诸戎除翦其荆棘，驱其狐狸豺狼，以为先君不侵不叛之臣，至于今不贰。昔文公与秦伐郑，秦人窃与郑盟而舍戍焉，于是乎有殽之师。晋御其上，戎亢其下，秦师不复，我诸戎实然。譬如捕鹿，晋人角之，诸戎掎之，与晋踣之，戎何以不免？自是以来，晋之百役，与我诸戎相继于时，以从执政，犹殽志也。岂敢离逖？今官之师旅无乃实有所阙，以携诸侯，而罪我诸戎！我诸戎饮食衣服不与华同，贽币不通，言语不达，何恶之能为？不与于会，亦无瞢焉！"赋《青蝇》而退。宣子辞焉，使即事于会。

齐 《国语》，齐许申吕由太姜
纪
向

州

莱 莱在顾栋高《春秋大事年表》中列外姜姓，然此说实可疑。其言曰："《襄二年》传：'齐侯使诸姜宗妇来送葬，召莱子，莱子不会。'是莱亦齐同姓国也。"案：莱子非宗妇，何以召及莱子，而莱子必会？或因莱子夫人是姜姓，故莱子必会乎？（惟"宗妇"寻常之解并不如是耳）此说若确，则莱非姜姓。又，《史记》："莱人，夷也，与齐争国。"然则果是姜姓。亦当是后来齐国所分植。

以上五国皆在山东境，纪州莱皆环齐，为之邻者。

姜 据古本《竹书纪年》宣王时戎人灭姜侯之邑，引见《后汉书·西羌传》。准以芈曹等皆为先代国名后代姓号之例，姜之为姓必原是国名，惟此姜侯是否姜姓，或是他族封建于其地者，则不可考。

综合上举《国语》《左传》之记载，知姜之所在有两个区域。一再今河南西境，所谓四岳之后者，一在今山东东境。然河南西境必是四岳之本土，此可以"齐许申吕由太姜"，及"太公封于营邱，比及五世，皆返葬于周"诸说证之。齐本是由四岳国里出来的，望伋两代仍用吕称（《书·顾命》齐侯吕伋）。若齐旁诸姜，当是齐之宗姓分封者，姜之先世为四岳，四岳之地如可确定，则姜为何处的民族，可以无疑问了。

有把四岳当作人的，例如战国、秦汉间之《尧典》；又有把四岳当作岱宗等四山的，例如杜预注《左传》。但四岳实是岳山脉中的四座大山，四岳之国便是这些山里的部落。《诗·大雅》："崧高维岳，峻极于天。维岳降神，生甫及申。维申及甫，维周之翰。"毛云："崧，高貌，山大而高曰崧。岳，四岳也。"那么，申甫一带的山即是四岳了。同篇下文说："亹亹申伯，王缵之事。于邑于谢，南国是式。王命召伯，定申伯之宅。登是南邦，世执其功。王命申伯，式是南邦。因是谢人，以作尔庸。"这是说申境向南移。其向南移的地方在谢，其差在北的地方可以推想。又《诗·王风·扬之水》说：

> 扬之水，不流束薪。彼其之子，不与我戍申。
> 怀哉怀哉，曷月予还归哉！
> 扬之水，不流束楚。彼其之子，不与我戍甫。
> 怀哉怀哉，曷月予还归哉！
> 扬之水，不流束蒲。彼其之子，不与我戍许。
> 怀哉怀哉，曷月予还归哉！

如此看来，申、甫、许在一块儿。许之称至今未改，申又可知其后来在谢，则申许吕之地望大致可知了。《郑语》，史伯曰："当成周者，南有申吕。"可知《汉书·地理志》"南阳郡县故申伯国"，《水经注》"宛西吕城，四岳受封于吕"诸说，当不误。

然姜之大原实在许谢迤西大山所谓"九州"之中。《郑语》："谢西之九州何如？"可知谢西之域名九州。《左传》昭四年："四岳、三涂、阳城、大室、荆山、中南，九州之险也。"杜注，三涂在陆浑县南（今嵩县）；阳城在阳城县（今登封县）东北；大室在河南阳城县西北；荆山在新城沶乡县（今湖北郧阳一带与河南之界）南；中南在始平武功县（今武功县）西。然则九州志区域正是现在豫西渭南群山中，四岳亦在此九州内，并非岱宗等四山。

又据上文所引，《左传》襄十四年姜戎一段，知九州之一名瓜州，其地邻秦，其人为姜姓，其类则戎。虽则为戎，不失其为四岳之后。四岳之后，有文物之大国齐，又有戎者，可以女真为例。建州女真征服中夏之后，所谓满洲八旗者尽染华风，而在混同江上之女真部落，至今日仍保其渔猎生活，不与文化之数。但借此可知姜本西戎，与周密迩，又为姻戚，惟并不是中国。

姜之原不在诸夏，又可以《吕刑》为证。《吕刑》虽列《周书》，但在先秦文籍今存者众，仅有《墨子》印它。若儒家书中引《吕刑》者，只有汉博士所作之《孝经》与记而已。《吕刑》全篇祖述南方神话，全无一字及宗周之典。其篇首曰："惟吕命，王享国百年，耄，荒度作刑，以诘四方。"《史记》云："甫侯言于王。"郑云："吕侯受王命，入为三公。"这都是讲不通的话。"吕命王"到底不能解作"王命吕"。如以命为吕王之号，如周昭王之类，便

085

"文从字顺"了，篇中王曰便是吕王曰了。吕称王并见于彝器，吕王⿰它作大姬壶，其辞云，"吕王⿰它作大姬尊壶，其永宝用享"（见《愙斋集古录》第十四）。可知吕称王本有实物为证。吕在周代竟称王，所谈又是些外国话，则姜之原始不是诸夏，可谓信而有证。

三、姜姓在西周的事迹

　　姜与姬是姻戚，关系极复杂，上文已经说了。若姜姓者在西周的事迹，则公望申伯为大，与西周兴亡颇有关系。公望佐周，《诗经》有证。《大明》："牧野洋洋，檀车煌煌，驷骥彭彭。维师尚父，时维鹰扬。"又，齐侯吕伋在成昭间犹为大臣。《书·顾命》："俾爰齐侯吕伋以二干戈，虎贲百人，逆子钊于南门之外。"申伯在西周末极有势力，《崧高》一篇可以为证。《郑语》史伯曰："申、缯、西戎方强，王室方骚，将以纵欲，不亦难乎？王欲杀太子以成伯服，必求之申。申人弗畀，必伐之。若伐申，而缯与西戎会以伐周，周不守矣。缯与西戎方将德申，申、吕方强，其隩爱太子亦必可知也，王师若在，其救之亦必然矣。王心怒矣，虢公从矣，凡周存亡，不三稔矣！"这虽是作为预言写的，其实还是后人追记宗周亡的事实。周兴有公望为佐，周亡于申祸：姜之与姬，终始有关系也。

四、姜羌为一字

周代的习俗，"男子称氏，女子称姓"。姓非男子所称，乃是女子所专称，所以姓之字多从女。金文中姬姜异文甚多，然无一不从女。《说文》标姓皆从女。后人有以为这是姓由母系的缘故，这实在是拿着小篆解字源之错误。假令中国古代有母统制度，必去殷周之际已极远，文字必不起于母统时代之茫昧。知女子称姓，则姓从女之义并不足发奇想的。女子称姓之习惯，在商代或者未必这样谨严。鬼方之鬼，在殷墟文字中或从人，或从女。照这个例，则殷墟文字中出现羌字之从人，与未出现从女之姜字，在当时或未必有很大的分别。到后来男女的称谓不同，于是地望从人为羌字，女子从女为姜字，沿而为二了。不够汉晋儒者还是知道羌即是姜的。

但，姜羌之同，是仅仅文字上的一名之异流呢，或者种族上周姜汉羌是一事？照《后汉书·西羌传》："西羌之本出自三苗，姜姓之别也。"则范晔认姜羌为一事。范晔虽是刘宋人。但范氏《后汉书》仅是文字上修正华氏、司马氏的，这话未必无所本。且《西羌传》中所记事，羌的好些部落本是自东向西移的，而秦之强盛尤与羌之西去又关系。这话正和《左传》裹十四年姜戎子的一段话是一类的事。那么，汉代羌部落中有些是姜氏，看来像是如此。不过羌绝不是一个单纯的名词，必含若干不同的民族，只以地望衔接的关系，被汉人一齐呼作羌罢了。

姜之一部分在殷周之际为中国侯伯，而其又一部分到后汉一直是戎狄，这情形并不奇怪。南匈奴在魏晋时已大致如汉人，北匈奴却跑得不知去向。契丹窃据燕云，同于汉化，至今俄夷以契丹为华夏之名，其本土部落至元犹繁。女真灭辽毒宋，后来渡河南而南自称中州，其东海的部落却一直保持到现在；虽后来建州又来荼毒中夏，也还没有全带进来。蒙古在伊兰汗者同化于波斯，在钦察汗者同化于俄罗斯，在忽必烈汗国者同化于中国，在漠南北者依旧保持他的游牧生活。一个民族分得很远之后，文野有大差别，在东方的成例依已多，在欧洲、西亚尤其不可胜数了。

中华民国十九年二月，北平

（原载1930年5月《国立中央研究所历史语言研究所集刊》第二本第一分）

周东封与殷遗民

此我所著《古代中国与民族》一书中之一章也。是书经始于五年以前，至民国二十年夏，写成者将三分之二矣。日本寇辽东，心乱如焚，中辍者数月。以后公私事纷至，继以大病，至今三年，未能杀青，惭何如之！此章大约写于十九年冬，或二十年春，与其他数章于二十年十二月持以求正于胡适之先生。适之先生谬为称许，嘱以送刊于北大《国学季刊》。余以此文所论多待充实，逡巡未果。今春适之先生已于同一道路上作成丰伟之论文，此文更若爝火之宜息矣。而适之先生勉以同时刊行，俾读者有所参考。今从其命，并志同声之欣悦焉。

二十三年六月

商朝以一个六百年的朝代，数千里的大国，在其亡国前不久帝乙时，犹是一个强有兵力的组织，而初亡之后，王子禄父等依然能一次一次地反抗周人，何以到周朝天下事大定后，封建者除区区二三百里之宋，四围以诸姬环之，以外，竟不闻商朝遗民尚保存何部落，何以亡得那么干净呢？那些殷商遗民，除以'顽'而迁雒邑者外，运命是怎么样呢？据《逸周书·世俘篇》："武王遂征四方，凡憝国九十有九国，馘鬽亿有十万七千七百七十有九，俘人三亿万有二百三十，凡服国六百五十有二。"果然照这样子"憝"下去，再加以周公成王之"善继人之志，善述人之事"，真可以把殷遗民"憝'完。不过那时候的农业还不曾到铁器深耕的时代，所以绝对没有这么许多人可"憝"，可以"馘鬽"，所以这话竟无辩探的价值，只是战国人的一种幻想而已。且佶屈聱牙的《周诰》上明明记载周人对殷遗是用一种相当的怀柔政策，而近发见之白懋父敦盖（中央研究院历史语言研究所藏器）记"王命伯懋父以殷八自征东夷"。然则周初东征的部队中当不少有范文虎、留梦炎、洪承畴、吴三桂一流的汉奸。周人以这样一个"臣妾之"之政策，固速成其王业，而殷民借此亦可延其不尊荣之生存。《左传》定四年记周以殷遗民作东封，其说如下：

　　昔武王克商，成王定之，选建明德，以藩屏

周。故周公相王室，以尹天下，于周为睦。分鲁公以大路、大旂，夏后氏璜，封父之繁弱；殷民六族，条氏、徐氏、萧氏、索氏、长勺氏、尾勺民，使帅其宗氏，辑其分族，将其类丑，以法则周公，用即命于周。是使之职事于鲁，以昭周父之明德。分之土田陪敦，祝、宗、卜、史，备物、典策，官司、彝器。因商奄之民，命以《伯禽》，而封于少皞之虚。分康叔以大路、少帛、綪茷、旃旌、大吕；殷民七族，陶氏、施氏、繁氏、锜氏、樊氏、饥氏、终葵氏。封畛土略，自武父以南，及圃田之北竟，取于有阎之土，以共王职，取于相土之东都，以会王之东蒐。聃季授土，陶叔授民。命以《康诰》，而封于殷虚。皆启以商政，疆以周索。分唐叔以大路、密须之鼓，阙巩、沽洗；怀姓九宗，职官五正。命以《唐诰》，而封于夏虚，启以夏政，疆以戎索。

可见鲁卫之国为殷遗民之国，晋为夏遗民之国，这里说得清清楚楚。所谓"启以商政，疆以周索"者，尤显然是一种殖民地政策，虽取其统治权，而仍其旧来礼俗，故曰"启以商政，疆以周索"。这话的绝对信实更有其他确证。现分述鲁卫齐三国之情形如下。

鲁 《春秋》及《左传》有所谓"亳社"者，是一件很重要的事。"亳社"屡见于《春秋经》，以那样一个简略的二百四十年间之"断烂朝报"，所记皆是戎祀会盟之大事，而"亳社"独占一位置，则"亳社"在鲁之重要可知。且《春秋》记"亳社（《公羊传》作蒲社）灾"在哀四年，去殷商之亡已六百余年，已与现在去南宋之亡差不多。（共和前无确切之纪年，姑据《通鉴外纪》，自武王元年至哀四年为631年。宋亡于祥兴二年〔1279〕，去中华民国二十年〔1931〕凡六百五十二年。相差甚微。）"亳社"在殷亡国后六百余年犹有作用，是甚可注意之事实。且《左传》所记"亳社"中有两事尤关重要。哀七，"以邾子益来献于亳社"，杜云，"以其亡国与殷同"。此真谬说。邾于殷为东夷，此等献俘，当与宋襄公"用鄫子于次睢之社，欲以属东夷"一样，周人诏殷鬼而已。又定六年："阳虎又盟公及三桓于周社，盟国人于亳社。"这真清清楚楚指示我们：鲁之统治者是周人，而鲁之国民是殷人。殷亡六七百年后之情形尚如此，则西周时周人在鲁不过仅是少数的统治者，犹钦察汗金骑之于俄罗斯诸部，当更无疑问。

说到这里，有一件很重要的事，当附带着说。孔子所代表之儒家，其地理的及人众的位置在何处，可以借此推求。以儒家在中国文化进展上的重要，而早年儒教的史料仅仅《论语》《檀弓》《孟子》《荀子》几篇，使我们对于这个宗派的来源不明了，颇是一件可惜的事。孙星衍重修之《孔子集语》，材料虽多，几乎皆不可用。《论语》与《檀弓》

在语言上有一件特征，即吾我尔汝之分别颇显：此为胡适之先生之重要发现（《庄子·齐物》等篇亦然）。《檀弓》与《论语》既为一系，且看《檀弓》中孔子自居殷人之说于《论语》有证否。

〔《檀弓》〕孔子蚤作，负手曳杖消摇于门，歌曰："泰山其颓乎？梁木其坏乎？哲人其萎乎？"既歌而入，当户而坐。子贡闻之，曰："泰山其颓，则吾将安仰？梁木其坏，哲人其萎，则吾将安放？夫子殆将病也。"遂趋而入。夫子曰："赐，尔来何迟也？夏后氏殡于东阶之上，则犹在阼也。殷人殡于两楹之间，则与宾主夹之也。周人殡于西阶之上，则犹宾之也。而丘也，殷人也。予畴昔之夜梦坐奠于两楹之间。夫明王不兴，而天下其孰能宗予？予殆将死也！"盖寝疾七日而没。

这话在《论语》上虽不曾重见（《檀弓》中有几段与《论语》同的），然《论语》《檀弓》两书所记孔子对于殷周两代之一视同仁态度是全然一样的。

《论语》行夏之时，乘殷之辂，服周之冕，乐则韶舞。

殷因于夏礼，所损益，可知也。周因于殷礼，

096

所损益可知也。其或继周者，虽百世可知也。

周监于二代，郁郁乎文哉！吾从周。

夏礼吾能言之，杞不足征也；殷礼吾能言之，宋不足征也；文献不足故也，足则吾能征之矣。

《檀弓》殷既封而吊，周反哭而吊。孔子曰："殷已悫，吾从周。"

殷练而祔，周卒哭而祔。孔子善殷（此外《檀弓》篇中记三代异制而折衷之说甚多，不备录）。

这些话都看出孔子对于殷周一视同仁，殷为胜国，周为王朝，却毫无宗周之意。所谓从周，正以其"后王灿然"之故，不曾有他意。再看孔子是否有矢忠于周室之心。

《论语》公山弗扰以费畔，召，子欲往。子路不说，曰："末之也已，何必公山氏之之也？"子曰："夫召我者而岂徒哉？如有用我者，吾其为东周乎？"（《阳货》章。又同章：佛肸召，子欲往。）

子畏于匡，曰："文王既没，文不在兹乎？天之将丧斯文也，后死者不得与于斯文也。天之未丧斯文也，匡人其如予何？"

这话直然要继衰周而造四代。虽许多事要以周为师，却绝不以周为宗。公羊家义所谓"故宋"者，证以《论语》，当是儒家之本原主义。然则孔子之请讨弑君，只是欲维持当时的社会秩序，孔子之称管仲，只是称他曾经救了文明，免其沉沦，所有"丕显文武"一类精神的话语，不曾说过一句，而明说"其或继周者"（曾国藩一辈人传檄讨太平天国，只是护持儒教与传统之文明，无一句护持满洲。颇与此类）。又孔子但是自比于老彭，老彭是殷人，又称师挚，亦殷人，称高宗不冠以殷商字样，直曰"书曰"。称殷三仁，尤有余音绕梁之趣，颇可使人疑其有"故国旧墟""王孙芳草"之感。此皆出于最可信的关于孔子之史料，而这些史料统计起来是这样，则孔子儒家与殷商有一种密切之关系，可以晓然。

　　尤有可以证成此说者，即三年之丧之制。如谓此制为周之通制，则《左传》《国语》所记周人之制毫无此痕迹。孟子鼓动滕文公行三年之丧，而滕国卿大夫说："吾先君莫之行，吾宗国鲁先君亦莫之行也。"这话清清楚楚证明三年之丧非周礼。然而《论语》上记孔子曰："夫三年之丧，天下之通丧也。"这话怎讲？孔子之天下，大约即是齐鲁宋卫，不能甚大，可以"登太山而小天下"为证。然若如"改制托古"者之论，此话非删之便须讳之，实在不是办法。惟一可以解释此困难者，即三年之丧，在东国，在民间，有相当之通行性，盖殷之遗礼，而非周之制度。当时的"君子（即统治者），三年不为礼，礼必坏；三年不为乐，乐必崩"，而士及其相近之阶级则渊源有自，齐以殷政者也。试看关于大孝，三年之丧，及丧后三年不做事之代表人物，如太甲、高宗、孝己，皆是殷人。而"君薨，百官总已以听于冢宰者三年"，全不见于周人之记载。说到这里，有《论语》一章，向来不得其解者，似可以解之：

　　子曰："先进于礼乐，野人也；后进于礼乐，君子也。如用之，则吾从先进。"

此语作何解？汉宋诂经家说皆迂曲不可通。今释此语，须先辨其中名词含义若何。"野人"者，今俗用之以表不开化之人。此为甚后起之义。《诗》，"我行其野，芃芃其麦"，明野为农田。又与《论语》同时书之《左传》，记僖二十三年"晋公子重耳……出于五鹿，乞食于野人。野人与之块"。然则野人即是农夫，孟子所谓"齐东野人"者亦当是指农夫。彼时齐东开辟已甚，已无荒野。且孟子归之于齐东野人之尧与瞽瞍北面朝舜舜有惭色之一件文雅传说，亦只能是田亩间的故事，不能是深山大泽中的神话。孟子说到"与木石居，与鹿豕游"，便须加深山于野人之上方足以尽之。（《孟子·尽心》章："其所以异于深山之野人者，几希。"）可见彼时所谓野人，非如后人用之以对"斯文"而言。《论语》中君子有二义：一谓卿大夫阶级，即统治阶级；二谓合于此阶级之礼度者。此处所谓君子者，自当是本义。先进后进自是先到后到之义。礼乐自是泛指文化，不专就玉帛钟鼓而言。名词既定，试翻作现在的话如下：

那些先到了开化的程度的，是乡下人；那些后到了开化程度的，是"上等人"。如问我何所取，则我是站在先开化的乡下人一边的。

先开化的乡下人自然是殷遗，后开化的上等人自然是周宗姓婚姻了。

宋　卫　宋为商之转声，卫之名卫由于豕韦。宋为商之宗邑，韦自汤以来为商属。宋之立国始于微子，固是商之子遗。卫以帝乙帝辛之王都，康叔以殷民七族而立国。此两处人民之为殷遗，本不待论。

齐　齐民之为殷遗有二证。一、《书序》："成王既践奄，将迁其君于蒲姑。周公告召公，作将蒲姑。"《左传》昭九："王使詹伯辞于晋曰：'薄姑商奄，吾东土也。'"又昭二十，晏子对景公曰："昔爽鸠氏始居此地，季萴因之，有逢伯陵因之，蒲姑氏因之，而后太公因之。"《汉·地理志》云："齐地殷末有薄姑氏，至周成王时，薄姑与四国共作乱，成王灭之，以封师尚父。"二、请再以齐宗教为证。王静安曰："曰'贞方帝卯一牛之南□'，曰'贞叒衮于东'，曰'己巳卜王衮于东'，曰'衮于西'，曰'贞衮于西'，曰'癸酉卜中贞三牛'。曰'方帝'，

100

曰'东'，曰'西'，曰'中'，疑即五方帝之祀矣。"
（《增订殷虚书契考释》下六十页。）然则荀子所谓"按往
旧造说谓之五行"者，其所由来久远，虽是战国人之推衍，
并非战国人之创作，此一端也。周人逐纣将飞廉于海隅而戮
之。飞廉在民间故事中曰黄飞虎。黄飞虎之祀，至今在山东
与玄武之祀同样普遍。太公之祀不过偶然有之，并且是文士
所提倡，不与民间信仰有关系。我们可说至今山东人仍祭商
朝的文信国郑延平，此二端也。至于亳之在山东，泰山之有
汤迹，前章中已详论，今不更述。

　　然则商之宗教，其祖先崇拜在鲁独发展，而为儒学，其
自然崇拜在齐独发展，而为五行方士，各得一体，派衍有
自。试以西洋史为比：西罗马之亡，帝国旧土分为若干蛮
族封建之国。然遗民之数远多于新来之人，故经千余年之
紊乱，各地人民以方言之别而成分化，其居意大利、法兰
西、西班牙半岛、意大利西南部二大岛，以及多瑙河北岸，
今罗马尼亚国者，仍成拉丁民族，未尝为日耳曼人改其文化
的、语言的、民族的系统。地中海南岸，若非因阿拉伯人努
力其宗教之故，恐至今仍在拉丁范围中。遗民之不以封建改
其民族性也如是。商朝本在东方，西周时东方或以被征服而
暂衰，入春秋后文物富庶又在东方，而鲁宋之儒墨，燕齐之
神仙，惟孝之论，五行之说，又起而主宰中国思想者二千余
年。然则谓殷商为中国文化之正统，殷遗民为中国文化之重
心，或非孟浪之言。战国学者将一切神话故事充分地伦理

化、理智化，于是不同时代不同地方之宗神，合为一个人文的"全神堂"，遂有《皋陶谟》一类君臣赓歌的文章。在此全神堂中，居"敬敷五教"之任者，偏偏不是他人，而是商之先祖契，则商人为礼教宗信之寄象，或者不是没有根据的吧。

（原载1934年《国立中央研究院历史语言研究所集刊》
第四本第三分）

大东小东说

——兼论鲁燕齐初封在成周东南后乃东迁

一、大东小东的地望和鲁、燕、齐的初封地

　　《诗·小雅·大东》篇序曰："东国困于役而伤于财，谭大夫作是诗以告病焉。"其二章云："小东大东，杼柚其空。"大东小东究在何处，此宜注意者也。笺云："小也大也，谓赋敛之多少也。小亦于东，大亦于东；言其政偏，失砥矢之道也。"此真求其说不得而敷衍其辞者。大东在何处，诗固有明文。《鲁颂·閟宫》，"奄有龟蒙，遂荒大东"，已明指大东所在，即泰山山脉迤南各地，今山东境，济南泰安迤南，或兼及泰山东部，是也。谭之地望在今济南。谭大夫奔驰大东小东间，大东既知，小东当亦可得推知其地望。吾比较周初事迹，而知小东当今山东濮县、河北濮阳大名一带，自秦汉以来所谓东郡者也。欲申此说，不可不于周初方域之迹有所考订，而求解此事，不得不先于东方大国鲁燕齐之原始有所论列焉。

武王伐纣，"致天之届，于牧之野"。其结果诛纣而已，犹不能尽平其国。纣子禄父仍为商君焉，东土之未大定可知也。武王克殷后二年即卒，周公摄政，武庚以商奄淮夷畔，管蔡流言，周室事业之不坠若线。周公东征，三年然后灭奄。

多士多方诸辞，其于殷人之抚柔益致全力焉，营成周以制东国，其于守防盖甚慎焉。犹不能不封微子以奉殷社，而缓和殷之遗民，其成功盖如此之难且迟也。乃成王初立，鲁、燕、齐诸国即可越殷商故域而建都于海表之营丘，近淮之曲阜，越在北狄之蓟丘，此理之不可能也。今以比较可信之事实订之，则知此三国者，初皆封于成周东南，鲁之至曲阜，燕之至蓟丘，齐之至营丘，皆后来事也。兹分述之：

燕《史记·燕世家》："周武王之灭纣，封召公于北燕。其在成王时，召公为三公。自陕以西，召公主之；自陕以东，周公主之。"召公既执陕西之政，而封国远在蓟丘，其不便何如？成王中季，东方之局始定，而周武王灭纣即可封召公于北燕，其不便又何如？按，燕字今经典皆作燕翼之燕，而金文则皆作郾。著录者有郾侯鼎、郾侯戈、郾王剑、郾王喜戈，均无作燕者。郾王喜戈见《周金文存》卷六第八十二页，郾王大事剑见同卷补遗。其书式已方整，颇有隶意，其为战国器无疑。是知燕之称郾，历春秋战国初无二字，经典作燕者，汉人传写之误也。燕既本作郾，则与今河南之郾城有无关系，此可注意者。在汉世，郾县与召陵县虽

105

分属颍川汝南二郡，然土壤密迩，今郾城县实括故郾、召陵二县境。近年郾城出许冲墓，则所谓召陵万岁里之许冲，固居今郾城治境中①。曰郾曰召，不为孤证，其为召公初封之燕无疑也。

鲁 《史记·鲁世家》："周公卒，子伯禽固已前受封，是为鲁公。鲁公伯禽之初受封之鲁，三年而后报政周公。周公曰：'何迟也？'伯禽曰：'变世俗，革其礼，丧三年，然后除之；故迟。'大公亦封于齐，五月而报政周公。周公曰：'何疾也？'曰：'吾简其君臣礼，从其俗为也！'及后闻伯禽报政迟，乃叹曰：'呜乎，鲁后世其北面事齐矣！'"按，今河南有鲁山县，其地当为鲁城之原。《鲁颂·閟宫》云：

> 后稷之孙，实维大王。居岐之阳，实始翦商。至于文武，缵大王之绪。致天之届，于牧之野。无贰无虞，上帝临女！敦商之旅，克咸厥功。王曰"叔父！建尔元子，俾侯于鲁。大启尔宇，为周室辅！"

此叙周之原始，以至鲁封。其下乃去：

---

① 去年游开封时，南阳张嘉谋先生告我。

乃命鲁公，俾侯于东。锡之山川，土田附庸。

此则初命伯禽侯于鲁，继命鲁侯侯于东，文义显然。如无迁移之事，何劳重复其辞？且许者，历春秋之世，鲁所念念不忘者。《閟宫》："居常与许，复周公之宇！"《左传·隐公十一年》："秋七月，公会齐侯、郑伯伐许。庚辰，傅于许……壬午，遂入许……齐侯以许让公。"灭许尽鲁国先有之，鲁于许有如何关系，固已可疑。春秋只对许宿二国称男，男者，"侯田男"也，见近出土周公子明锡天各器，然则男实为附庸。宿介于宋鲁之间，《左传·僖二十一年》："任、宿、须句、颛臾，风姓也，实司太皞与有济之祀，以服事诸夏。"此当为鲁之附庸。许在春秋称男，亦当以其本为鲁附庸，其后郑实密迩，以势临之，鲁不得有许国为附庸，亦不得有许田，而割之于郑。然旧称未改，旧情不忘，歌于《颂》，书于《春秋》。成周东南既有以鲁为称之邑，其东邻则为"周公之宇"，鲁之本在此地无疑也。

楚者，荆蛮北侵后始有此号。《左传》庄十、庄十四、庄二十三、庄二十八，皆称荆。僖公元年，"楚人侵郑"以下乃称楚。金文有"王在楚"之语，知其地必为嵩山迤南山麓之称。《史记》载周公当危难时出奔楚，如非其封地，何得于艰难时走之乎？此亦鲁在鲁山之一证也。

且周公事业，定殷平奄为先。奄当后来鲁境，王静安君论之是矣。周公子受封者，除伯禽为鲁公，一子嗣周公于王

107

田中而外，尚有凡、蒋、邢、茅、胙、祭。如杜预所说地望可据，则此六国者，除蒋远在汝南之南境不无可疑外，其余五国可自鲁山县东北上，画作一线以括之。卫在其北，宋在其南，"周公之宇"东渐之形势可知也。

齐　齐亦在成周之南。《史记·齐世家》："太公望吕尚者，东海上人。其先祖尝为四岳，佐禹平水土甚有功。虞夏之际封于吕，或封于申，姓姜氏。夏商之时，申吕或封枝庶子孙，或为庶人，尚其后苗裔也。本姓姜氏，从其封姓，故曰吕尚。吕尚盖尝穷困，年老矣，以渔钓奸周西伯。西伯将出猎，卜之，曰：'所获非龙非彲，非虎非罴，所获霸王之辅。'于是周西伯猎，果遇太公于渭之阳。与语，大说。曰：'自吾先君太公曰：当有圣人适周，周以兴。子真是邪？吾太公望子久矣！'故号之曰太公望。载与俱归，立为师。或曰：太公博闻，尝事纣。纣无道，去之，游说诸侯。无所遇，而卒西归周西伯。或曰：吕尚处士，隐海滨。周西伯拘羑里，散宜生、闳夭素知而招吕尚。吕尚亦曰：'吾闻西伯贤，又善养老，盍往焉？三人者为西伯求美女奇物，献之于纣，以赎西伯。西伯得以出返国。言吕尚所以事周虽异，然要之为文武师。周西伯昌之脱羑里归，与吕尚阴谋修德以倾商政。其事多兵权与奇计，故后世之言兵及周之阴权皆宗太公为本谋。"

循此一段文章，真战国末流齐东野人之语也。相互矛盾，而自为传奇。《国语》"齐许申吕由大姜"，据此可

108

知齐以外戚而得封，无所谓垂钓以干西伯《诗·大雅·大明》："牧野洋洋，檀车煌煌，驷騵彭彭。维师尚义，时维鹰扬。凉彼武王，肆伐大商，会朝清明。"据此，可知尚父为三军之勇将、牧野之功臣，阴谋术数，后人托辞耳。凡此野语，初不足深论者也。

《史记》又云："于是武王已平商，而王天下，封师尚父子齐营丘，东就国，道宿，行迟。逆旅之人曰：'吾闻时难得而易失，客寝甚安，殆非就国者也。'太公闻之，夜衣而行，黎明至国。莱侯来伐，与之争营丘。营丘边莱，莱人夷也，会纣之乱，而周初定，未能集远方，是以与大公争国。"

据此可见就国营丘之不易。至于其就国在武王时否，则甚可疑。齐者，济也。济水之域也，其先有有济，其裔在春秋为风姓。而营丘又在济水之东，武王之世，殷未大定，能越之而就国乎？尚父侯伋两世历为周辅，能远就国于如此之东国乎？综合《经》《传》所记，则知大公封邑本在吕也。

《诗·大雅》，"崧高维岳。峻极于天。"《毛传》曰："崧，高貌，山大而高曰崧。岳，四岳也。东岳岱，南岳衡，西岳华，北岳恒。"按，崧高之解固确，而四岳所指，则秦汉间地理，与战国末或秦汉时人托之以成所谓"粤若稽古"之《尧典》者合，与周地理全不合。吾友徐中舒先生谓，《左传·昭四年》"四岳、三涂、阳城、太室、荆山、中南、九州之险也"一句中各地名在一域，则此九州当为一域之名，非如《禹贡》所谓。按，此说是矣。《郑语》："公曰：'谢西之九州何如？'"此正昭四年《传》所谓九州。谢西之域，即成周之南，当今河南西南境，西接陕西，南接汉阳诸山脉。三涂，阳城，太室，荆山，中南，皆在此区域，四岳亦不能独异也。四岳之国，名号见于经籍者，有申、吕、许。申、吕皆在四岳区域中，可以《诗》证之，"崧高维岳，峻极于天。维岳降神，生甫及申，唯申及甫，为周之翰"是也。申在宣王时曾邑于谢，今南阳县境，此为召伯虎所定宅。《崧高》又云："亹亹申伯，王缵之事。于邑于谢，南国是式。王命召伯，定申伯之宅，登是南邦，世执其功。王命申伯，式是南邦。因是谢人，以作尔庸。"据此，知申在西周晚年曾稍向南拓土也。吕甫分一名之异文，彝器有吕王作大姬壶，吕仲彝等，而《礼记》引《书》作甫刑。《诗·王风》，申甫许并列。《左传》"楚……子重请取于申、吕，以为赏田……申公巫臣曰：'不可！此申、吕所以邑也！是以为赋，以御北方。若取之，是无申、吕也！'"申既可知其在谢，吕当去之不远。《水经注》，宛西有吕城，四岳受封，此当不误也。许之地望则以地名至今未改故，更无疑问。四岳之义既得，吕之地望既知，再谈吕与周之关系。姬之与姜，纵非一家之支派，如祝融之八姓者，亦必累世之姻戚，如满洲之于蒙古。《晋语》："昔少典取于有蟜氏，生黄帝、炎帝。黄帝以姬水成，炎帝以姜水成。成而异德。故黄帝为姬，炎帝为姜。二帝用师以相济也，异德之故也，异姓则异德，异德则异类。异类虽近，男女相及，以生民也。"此真如后来之秦晋、齐鲁，累世相战，亦累世相姻也。《大雅·生民》："厥初生民，实维姜嫄。"《鲁颂·閟宫》述其远祖，而曰："赫赫姜嫄，其德不回。"此则姬姜共其神话，种族上当不无多少关系。《诗》："思齐大任，文王之母。思媚周姜，京室之妇。"《周语》："齐许申、吕由太姜。"是知四岳诸国，实以外戚显于周，逮西周之末，申伯犹以外戚强大。《诗·崧高》"不显申伯，王之元舅"是也。其后申竟以外戚之势亡宗周，而平王惟母族是党，当荆蛮之始大。北窥周南，且劳周民戍于申吕许焉。①

《传》记称齐太公为吕望，《书·顾命》称丁公为吕伋。此所谓吕者，当非氏非姓。男子不称姓，而国君无氏。②此之父子称吕者何谓耶？准以周世称谓见于《左传》等书者之例，此父子之称吕，必称其封邑无疑也。然则齐太公实封于吕，其子犹嗣吕称。后虽封于齐，当侯伋之身旧号未改也。《史记》所载齐就国事，莱夷来争，其初建国之飘摇可知也。《檀弓》："太公封于营丘，比及五世，皆返葬于周。"营丘之不稳可知也。《左传·僖四年》："管仲对曰：'昔召康公命我先君太公曰，五侯九伯，女实征之，以夹辅周室。赐我先君履，东至于海，西至于河，南至于穆

<hr>

① 见《诗·王风·扬之水》。
② 见顾亭林《原姓》。

111

陵。北至于无棣。'"似东海之封，始于太公矣。然细察此段文义，实是两句。"五侯九伯，女实征之，以夹辅周室"者，召康公命太公语也。"赐我先君履"者，此先君固不必即为太公，且其四至不括楚地。是则仅言封域之广，为诸侯之霸而已，与上文"五侯九伯，女实征之"者非一事也。

吕既东迁而为齐，吕之故地犹为列国，其后且有称王者。彝器有"吕王䣕作大姬壶"，《书》有"吕命王享国百年，旄荒"。《书·吕刑》："惟吕命，王享国百年，耄，荒度作刑，以诘四方。"《史记》云："甫侯言于王。"郑云："吕侯受王命入为三公。"此皆求其文理不可解而强解之辞。吕命王，固不可解作王命吕。如以命为吕王之号，如周昭王之类，则文从字顺矣。且吕之称王，彝器有证。《吕刑》一篇王曰辞中，无一语涉及周室之典，而神话故事皆在南方，与《国语》所记颇合。是知《吕刑》之王，固吕王，王曰之语，固南方之遗训也。引《吕刑》者，墨子为先，儒家用之不见于《戴记》之先，《论语》《孟子》绝不及之。此非中国之文献儒家之旧典无疑也。然后来吕之世系是否出之太公望，则不可知，其为诸姜则信也。

雒邑之形势，至今日犹有足多者，在当年实为形胜之要地，同人据之以控南方东方之诸侯者也。齐、燕、鲁初封于此，以为周翰，亦固其所。循周初封建之疆，南不逾于陈、蔡，毛郑所谓文王化行江汉者，全非事实。开南国者召伯虎也。东方者，殷商之旧，人文必高，而物质必丰。平定固难，若既平定之后，佐命大臣愿锡土于其地，以资殷富，亦理之常。夫封邑迁移，旧号不改，在周先例甚多，郑其著者。鲁燕移封，不失旧号。吕以新就大国，定宅济水，乃用新号，此本文之结论也。

二、周初东向发展之步骤

　　春秋战国之际，封建废，部落削，公族除，军国成，故兼并大易。然秦自孝公以来，积数世之烈，至始皇乃兼并六国，其来犹渐，其功犹迟。若八百年而前，部落之局面仍固，周以蕞尔之国，"壹戎殷而天下定"，断乎无是理也。故周之羁服时夏，安定东土，开辟南国，必非一朝之烈，一世之功。言"壹戎殷而天下定"者，诰语之修词；居然以为文武两代即能化行江汉、奠定东夷者，战国之臆说，汉儒之拘论耳。《诗》《书》所载，周之成功，非一世也，盖自大王至宣王数百年中之功业。若其步骤，则大略可见：其一为平定密、阮、共，此为巩固豳岐之域。二步为灭崇而"作邑于丰"，于是定渭南矣。三步为断虞芮之讼，于是疆域至河东矣。四步为牧野之战，殷商克矣。五步为灭唐，自河东北上矣。六步为伐奄，定淮夷。七步为营成周。以上一二三为文王时事，四五为武王时事，六七为周公时事。至于论南国之疆域，则周初封建，陈蔡为最南。昭王南征而不复，厉宣之世，徐蛮等兵力几迫成周，金文中有证。大定南服，召虎之力为大。此其大略，其详不可得而考，所谓"书缺有间"者也。

三、周公之事功

　　周公之在周，犹多尔衮之在后金。原武王虽能平殷，而不能奠定其国。武王初崩之岁，管、蔡流言，武庚以淮夷叛，此其形势之危急，有超过玄烨既亲政后，吴三桂等之倒戈而北。盖三藩之叛，只是外部问题，周公时之困难，不仅奄淮，兼有三叔。此时周公在何处用兵，宜为考求。《诗》《书》所记，只言居东，未指何地为东。然武王渡河，实由盟津，牧野之战，在商北郊。是周人用兵商都，先自南渡河而北，又自西北压之向东南也。后来康叔既封于卫[①]，卫在今黄河北，微子犹得保宋。宋在今黄河南。卫域实殷商之旧都，宋域乃临于淮夷，则周公用兵当经卫之一路。其成功

[①] 吾友顾颉刚先生谓康叔之封应在武王之世。《大诰》乃武王即位之诰，《康诰》亦武王之词。案：宁王一词。既由吴大澂君定为文王，此数篇中曾无一语及武王者，其为武王之诰无疑也。

后乃能东南行，而驱商人服象于东夷也，[1]且周公之胤所封国中，凡胙邢三国皆邻于卫。据此可知周公东向戡定所及。奄在今山东境，当春秋时介于齐鲁，此当为今泰山南境。周兵力自卫逼奄，当居今河北省濮阳、大名等县，山东省往博聊濮等县境，此即秦汉以来所谓东郡者也。东郡之名原于何时，不可考。《史记》以为秦设，然秦开东土，此非最先，独以此名东，或其地本有东之专名，秦承之耳，此一区域必为周公屯兵向奄之所，按之卫邢胙封建之迹，及山川形势而信然。且此地后来又有东郡之号，则此为周初专名之东，实可成立之一说也。余又考之《逸周书·作雒解》，然后知周公所居之东为专名，更无疑义。《作雒解》曰："周公立，相天子，三叔及殷东徐奄及熊盈以略。周公召公内弭父兄，外抚诸侯……凡所征熊盈族十有七国。俘维九邑。俘殷献民，迁于九毕。俾康叔宇于殷，俾中旄父宇东。"此则东为国名，必袭殷商之旧。所谓东者，正指殷商都邑而言，犹邶伯之北，指殷商都邑而言也。大小之别，每分后先，罗马人名希腊本土曰哥里西，而名其西向之殖民地一大区域曰大哥里西（Magna Grecia）。名今法公西西境曰不列颠，而名其渡海之大岛曰大不列颠（Magna Britannia）。则后来居上，人情之常。小东在先，大东在后，亦固其宜。据《鲁颂》之词，荒大东者周公之孙，地乃龟蒙，则周公戡定之东，当是小

---

① 见《吕氏春秋·古乐》。

东，地则秦汉以来所谓东郡者也。兹更表以明之：

东
- 泛名
  - 对"西土"言　雒邑称东，东国雒（《书》）
  - 对"中国"言
    - 齐称东　王命仲山甫城彼东方（《诗·大雅》）
    - 鲁称东　乃命鲁公俾侯于东（《诗·鲁颂》）
    - 夷称东　用鄫子于次睢之社欲以属东夷（《左传·僖十九》）等
- 专名
  - 小东
    - 其称东者就地望言实对殷商都邑而称小东
    - 即周公所居以破奄者在秦汉为东郡
  - 大东—小东迤东大山南之区域或兼及大山之东

中华民国十九年二月北平

（原载1930年5月《国立中央研究院历史语言研究所集刊》第二本第一分）

论所谓五等爵

一、五等称谓的淆乱

　　五等爵之说旧矣，《春秋》《孟子》《周官》皆为此说作扶持矣。《孟子》所记史实无不颠倒。《周官》集于西汉末，而《春秋》之为如何书至今犹无定论。故此三书所陈五等爵之说，果足为西周之旧典否，诚未可遽断。吾尝反复思之，以为相传之五等爵说颇不能免于下列之矛盾焉。

　　一与《尚书》不合。《周书·康诰》："四方民大和会，侯甸男邦，采卫百工播民和见，士于周。"又《酒诰》："越在外服，侯甸男卫邦伯；越在内服，百僚庶尹。"《召诰》："周公乃朝用书，命庶殷侯、甸、男邦伯。"《顾命》："庶邦侯、甸、男卫。"郑玄以五服之称释此数词。而诂经者宗之，此不通之说也。按五服说之最早见者，为《周语上》，其文曰："夫先王之制，邦内甸服、邦外侯服、侯卫宾服、蛮夷要服、戎狄荒服。甸服者祭，侯服者祀，宾服者享，要服者贡，荒服者王。"此言畿内者为甸，畿外者为侯，侯之附邑为宾，蛮夷犹可羁縻，戎狄则不必果来王也。盖曰王者，谓其应来王，而实即见其不必果来王矣。又战国人书之《禹贡》所载五服为甸侯绥要荒，固与《周语》同，绥服即宾服，而与《周书》中此数词绝非指一事者。若《康诰》《召诰》《顾命》所说，乃正与此不类。甸在侯下，男一词固不见于五服，而要服荒服反不与焉，明是二事。近洛阳出周公子明数器，其词有云："唯十月，月吉，癸未。明公朝至于成周。迩命舍三事命，众卿事寮，众诸尹，众里君，众目工，众诸侯，侯田男，合四方命"。持以拟之《尚书》，《顾命》之"庶邦侯、甸、男卫"者，应作庶邦侯，侯田男，犹云，诸侯，及诸侯封域中之则诸男也。"侯甸男卫"者，"侯，侯田男，卫"，犹云，诸侯，及诸侯封域中之诸男，及诸卫也。"侯甸男邦采卫"者，犹云，诸侯，及诸侯封域中之诸男，及邦域之外而纳采之诸卫也。《韩诗外传》八，"所谓采者，不得有其土地人民，采取其租税尔。"此采之确解也。"侯甸男邦伯"者，犹云，诸侯，及诸侯封域中之诸男，及诸邦之伯也。持周公子明器刻辞此语以校《尚书》，则知侯下有重文，传经者遗之。此所云云，均称呼畿外受土者之综括列举辞，而甸乃侯甸，非《国语》所谓王甸之服，与五服故说不相涉也。古来诏令不必齐一其式，故邦伯或见或不见，而王臣及诸侯亦或先或后。然《尚书》此数语皆列举畿外受土者之辞，果五等爵制

121

为周初旧典者，何不曰"诸公侯伯子男"乎？此则五等爵之说显与《尚书》矛盾矣。

二与《诗》不合。《诗》言侯者未必特尊，如，"载驰载驱，归唁卫侯"，"齐侯之子，卫侯之妻"。而言伯者则每是负荷世业之大臣，如召伯、申伯、郇伯、凡伯。果伯一称在爵等之意义上不逮侯者，此又何说？

三与金文不合。自宋以来著录之金文刻辞无贯称"公侯伯子男"者。若周公子明诸器刻辞，固与《尚书》相印证，而与五等爵说绝不合。

四以常情推之亦不可通。上文一二三已证五等爵说既与可信之间接史料即《尚书》《诗》者不合。又与可信之直接史料即金文者不合矣，今更以其他记载考之，亦觉不可通。《顾命》："乃同召大保奭、芮伯、彤伯、毕公、卫侯、毛公、师氏、虎臣、百尹、御事。"以卫侯、毕公、毛公之亲且尊，反列于芮伯、彤伯之下，果伯之爵小于公侯乎？一也。"曹叔振铎，文之昭也"，而反不得大封，列于侯之次乎？二也。郑伯、秦伯，周室东迁所依，勋在王室。当王室既微，乃反吝于名器，以次于侯之伯酬庸乎？三也。如此者正不可胜数。

顾栋高《春秋大事表五·列国爵姓表》所记爵姓，非专据经文，乃并据《左传》及杜预《集解》，且旁及他书者。经文与《左传》固非一事，姑无论《左传》来源之问题如何，其非释经之书，在今日之不守师说着中已为定论。而杜氏生于魏晋之世，其所凭依今不可得而校订。故顾栋高此表颇为混乱之结果。然若重为编订，分别经文、左氏、杜氏三者，则非将此三书作一完全之地名、人名索引不可：此非二三月中所能了事。故今仍录原文于下，兼附数十处校记。若其标爵之失，称始封之误，姑不校也。

国	爵	姓	始封	今补记
鲁	侯	姬	周公子伯禽	彝器中称鲁侯
蔡	侯	姬	文王子叔度	彝器中称蔡侯
曹	伯	姬	文王子叔振铎	彝器中有量侯，张之洞释为曹
卫	侯	姬	文王子康叔封	彝器中有康侯封鼎
滕	侯（后书子）	姬	文王子叔绣	彝器中有滕侯敦
晋	侯	姬	武王子叔虞	彝器中有晋公盦
郑	伯	姬	厉王子友	
吴	子（按《国语》本伯爵）	姬	太王子太伯	彝器中称工吴王
北燕	伯（《史》作侯）	姬	召公奭	彝器中称郾侯、郾公、郾王
齐	侯	姜	太公尚父	彝器中称齐侯
秦	伯	嬴	伯益后非子	彝器中有秦公敦
楚	子	芈	颛顼后熊绎	彝器中称公称王
宋	公	子	殷后微子启	彝器中有宋公䣄钟，或称商
杞	侯（后书伯或书子按《正义》本公爵）	姒	禹后东楼公	彝器中称杞伯
陈	侯	妫	舜后胡公	彝器中有"陈侯"者皆齐器，与此无涉
薛	侯（后书伯）	任	黄帝后奚仲	彝器中称脟侯
邾	子（本附庸进爵）	曹	颛顼苗裔挟	彝器中称邾公
莒	子	己	兹舆期	彝器中称鄙侯

小邾	子（本附庸进爵）	曹	邾公子友	
许	男	姜	伯夷后文叔	彝器中称邢子
宿	男	风	太皞后	
祭	伯	姬	周公子	彝器中有祭中鼎
申	侯	姜	伯夷后	彝器中称申伯
东虢		姬	文王弟虢仲	
共	伯			
纪	侯	姜		彝器中称己侯
夷		妘		
西虢	公	姬	文王弟虢叔	彝器中有虢季子白盘等
向		姜		
极	附庸	姬		
邢	侯	姬	周公子	彝器中称井伯、井侯
郕	伯	姬	文王子叔武	
南燕	伯	姞	黄帝后	
凡	伯	姬	周公子	
戴		子		
息	侯	姬		
郜	子	姬	文王子	
芮	伯	姬		彝器中称芮伯、芮侯
魏		姬		
州	公	姜		
随	侯	姬		
穀	伯	嬴		
邓	侯	曼		彝器中有邓公敦
黄		嬴		
巴	子	姬		
郹	子			彝器中有梁伯戈
梁	伯	嬴		
荀（或云即郇国）	侯	姬		
贾	伯	姬		

124

虞	公	姬	仲雍后虞仲	
贰				
轸				
郧（即邔国）	子			
绞				
州				
蓼				
罗		熊		
赖	子			
牟	附庸			
葛	伯	嬴		
於 于 邘				
谭	子	子		
萧	附庸	子	萧叔大心	
遂		妫		
滑	伯	姬		
原	伯	姬	文王子	
权		子		
郭				
徐	子	嬴	伯益后	彝器中概称郐王
樊	侯		仲山甫	彝器中有樊君鬲。此为畿内之邑，晋文公定戎难时，王以赐晋。其称君不称侯正与金文例合也
郗	附庸	姜		
耿		姬		
霍	侯	姬	文王子叔处	
阳	侯	姬		
江		嬴		
冀				
舒	子	偃		

弦	子	隗		
道				
柏				
温	子	己	司寇苏公	
鄫	子	姒	禹后	彝器中有曾伯簠
厉		姜	厉山氏后	
英氏		偃	皋陶后	
项				
密		姬		
任		风	太皞后	
须句	子	风	太皞后	
颛臾	附庸	风	太皞后	
顿	子	姬		
管		姬	文王子叔鲜	
毛	伯	姬	文王子叔郑	彝器中称毛公
聃		姬	文王子季载	
雍		姬	文王子	
毕		姬	文王子	
酆	侯	姬	文王子	
郇	侯	姬	文王子	彝器中有旬伯簠
邢		姬	武王子	
应	侯	姬	武王子	彝器中有应公敦
韩	侯	姬	武王子	
蒋		姬	周公子	
茅		姬	周公子	
胙		姬	周公子	
郕				彝器中皆称郕公，又有郕公平侯敦
夔	子	芈	熊挚	
桧		妘	祝融后	
沈	子	姬		
六		偃	皋陶后	
蓼		偃	皋陶后	

偪		姞		
麇	子			
巢	伯（见《尚书》序）			
宗	子			
舒蓼		偃	皋陶后	
庸				
崇				
郯	子	己	少昊后	
莱	子	姜		
越	子	姒	夏后少康子	
刘	子	姬	匡王子	
唐	侯	祁	尧后	
黎	侯			
邿	附庸			
州来				
吕	侯	姜		彝器中有称吕王者
檀	伯			
钟离	子			
舒庸		偃		
偪阳	子	妘		
邿				
铸		祁	尧后	
杜	伯	祁	尧后	
舒鸠	子	偃		
胡	子	归		
焦		姬		
杨	侯	姬		彝器中有阳白鼎
邯				彝器中称邯伯、邯子
庸				
沈		金天氏苗裔台骀之后		
姒		（同上）		
蓐		（同上）		

127

黄			（同上）	
不羹				
房				
郫	子		妘	
钟吾	子			
桐			偃	
戎				
北戎				
卢戎	子		南蛮	
大戎			姬	唐叔后
小戎			允	四岳后
骊戎	男		姬	
山戎				即北戎
狄				有白狄、赤狄二种
犬戎				西戎之别在中国者
东山皋落氏				赤狄别种
扬拒泉皋伊雒之戎				
淮夷				
陆浑之戎又名阴戎	子		允	即小戎之徙于中国者
廧咎如			隗	赤狄别种
介				东夷国
姜戎	子		姜	四岳后陆浑之别部

白狄				
鄋瞒		漆	防风氏后	
群蛮				
百濮			西南夷	
赤狄				
根牟			东夷国	
潞氏	子		赤狄别种	彝器中有貉子卣不知即是潞否
甲氏			赤狄别种	
留吁			赤狄别种	
铎辰			赤狄别种	
茅戎			戎别种	
戎蛮（即蛮氏）	子		戎别种	
无终	子		山戎种	
肃慎			东北夷	
亳			西夷《史记索隐》盖成汤之胤	
鲜虞（一名中山）		姬	白狄别种	
肥	子		白狄别种	
鼓	子	祁	白狄别种	
有莘			夏商时国	
有穷			夏时国（下同）	
寒				
有鬲		偃		
斟灌		姒		
斟鄩		姒		
过				
戈				
豕韦		彭	夏商时国	

观		姒	夏时国	
扈		姒	（同上）	
姚			商时国（下同）	
邳				
奄		嬴		
仍			夏时国（下同）	
有缗				
骀				
岐				
蒲姑			商时国	
逄		姜	商时国	
昆吾		己	夏时国	
密须		姞	商时国	
阙巩			古国	
甲父			（同上）	
飂			古国	
豲夷		董	虞夏时国	
封父			古国	
有虞		姚	夏商时国	

　　补记诸节，大致据余永梁先生之《金文地名表》。但举以为例，以见杜说与金文之相差而已，不获一一考其详也。以下又录金文所有顾表所无者若干事。

国名	爵	姓	称号（自称者）	
召		姬	伯	彝器中有召伯虎敦
散		姬	伯	彝器中有散伯敦
大			王	彝器中有大王鼎、大王尊，散盘中亦称之为大王
辅			伯	彝器中有辅伯鼎
苏			公	彝器中有苏公敦

相			侯	彝器中有相侯鼎
龙			伯	彝器中有龙伯戈
铸			公，子	彝器中有铸公簠、铸子钟
郜			伯	彝器中有郜伯鼎
钟			伯	彝器中有钟伯鼎

据上列顾表，以公为称者五，宋、西虢、州、虞、刘，而刘标子爵。此则据杜氏之非。经文固明明言刘公，其后乃言刘子，此畿内之公，其称公乃当然也。今共得称公者五，而其三为畿内之君，虞虢刘皆王室卿士也。其一之州公最冗突，《公羊传·桓公五年》："冬，州公如曹。外相如不书，此何以书？过我也。""六年春正月，实来。实来者何？犹曰是人来也。孰谓？谓州公也。曷为谓之实来？慢之也。曷为慢之？化我也。"此真断烂朝报中之尤断烂处。《春秋》全经中，外相如不书，意者此文盖"公如曹""公至自曹"之误乎？无论此涉想是否可据，而州之称公无先无后，固只能存疑，不能据以为例。然则春秋称公者，王室世卿之外，其惟宋公乎？此甚可注意者也。又姬姓在此表中除爵号不详者外；列于侯者十六，为最多数；列于伯者十二：曹、郑、祭、北、燕、郕、芮、凡、贾、滑、原、毛；列于子者，除刘子前文中已订正外，尚有吴、巴、郳、顿、沈；列于男者一：骊戎；列于附庸者一：极。子男之姬姓者，非越在蛮夷，如吴如巴，即陈蔡间之小国；若郳则仅以其大鼎见于经文，春秋前已灭；骊则本是戎狄之类。此数国受封之

131

原，除吴、郜外皆不可详。如顿、沈之是否姬姓，经文《左传》亦无说也。姬姓何以非侯即伯，号子者如此其少？此又可注意者也。表中以子为号而从杜氏标姓为姬者，已如上所举，若其他号子者，则：

子姓有　谭；

姜姓有　莱，姜戎；

曹姓有　邾，小邾；

己姓有　莒，温，郯；

嬴姓有　徐；

姒姓有　鄫，越；

芈姓有　楚，夔；

隗姓有　弦；

偃姓有　舒，鸠舒；

妘姓有　偪阳，鄅；

归姓有　胡；

风姓有　须句；

祁姓有　鼓；

允姓有　陆浑之戎；

姓无可考者有　鄾，郾，赖，麇，宗，潞，戎蛮，无终，肥，钟离，钟吾，卢戎。

再以地域论之，则在南蛮、东夷者二十七：吴、楚、巴、鄾、郾、赖、舒、弦、顿、夔、宗、越、钟离、舒、

132

鸠、卢戎（以上偏南），郱、莒、小邾、徐、郯、须句、郑、莱、胡、郾、钟吾（以上偏东）；在戎狄者七：姜戎、陆浑之戎、潞、戎蛮、无终、肥、鼓。至于谭、温、顿、沈、麇、偪阳，各邑中，则温在王畿之内，谭入春秋灭于齐，顿、沈之封不详，偪阳则妘姓之遗，亦楚之同族也（见《郑语》）。约而言之，以下为号者，非蛮夷戎狄，即奉前代某姓之祀者，质言之，即彼一姓平子遗。其中大多数与周之宗盟不相涉。彼等有自称王者，如徐、楚、吴、越，春秋加以子号，既非其所以自称，恐亦非周室所得而封耳。

男之见于前表者，仅有三：许、宿、骊戎。准以周公子明器中"侯田男"一语，男实侯之附庸。戎骊之称男不见于《春秋》经，宿亦然。准以《鲁颂》"居常与许，复周公之宇"及隐十一年《左传》"秋七月，公会齐侯、郑伯伐许……壬午遂入许……齐侯以许让公"之文，则许在始乃鲁之附庸，故入其国先以让鲁，鲁思往事之强大，而欲居常与许也。意者许在初年，曾划入鲁邦域之内，其后自大，鲁不过但欲守其稷田耳。及郑大，并此亦失之矣，今彝器有许子簠许子钟，而无称许男者（鲁邦域所及，余另有文论之）。可知彼正不以"侯田男"自居也。

如上所分析，则五等称谓之分配颇现淆乱，其解多不可得。今先就字义论之；果得其谊，再谈制度。

二、公侯伯子男释字

公，君也。《尔雅》，"公，君也"，释名同。《左传》所记，邦君相称曰君，自称曰寡君，而群下则称之曰公。是公君之称，敬礼有小别，名实无二致也。

君，兄也。《诗·邶鄘卫风·鹑之奔奔》云：

> 鹑之奔奔，鹊之彊彊。人之无良，我以为兄。
> 鹊之彊彊，鹑之奔奔。人之无良，我以为君。

国风之成章，每有颠倒其词，取其一声之变。而字义无殊者。此处以君兄相易，其义固已迫近，而考其音声，接近尤多。《广韵》，君，上平二十文，举云切；兄，下平十二庚，许荣切。再以况贶诸字从兄声例之。况、贶均在去声四十一漾，许访切，似声韵均与兄界然。然今北方多处读音，况、贶诸字每读为溪纽或见纽，而哥字之音则见纽也（唐韵，哥，古俄切）。《诗》以彊、兄为韵，则兄在古邶音中，必与彊同其韵部。此在今日虽不过是一种假设，然可惜之连络处正多，今试详之。

公、兄、君、尹、翁、官、哥，皆似名之分化者。今先列其反切韵部如下，再以图表之：

公	上平	东部	古红切	见纽
兄	下平	庚部	许荣切	晓纽
君	上平	文部	举云切	见纽
尹	上平	准部	余准切	喻纽
昆	上平	魂部	古浑切	见纽
翁	上平	东部	乌红切	影纽
官	上平	桓部	古九切	见纽
哥	唐韵		古俄切	见纽

兹将上列各纽部裘以明之：

收音 发音	浅喉 ng	舌头 n	元音
浅喉破裂 k、g	公 兄（古读）	昆 君 官	哥
浅喉摩擦 h、x	兄（今读）		
深喉及元音	翁	尹	

公、君、兄，已如上所述，至其余诸字之故训，分记如下：

尹 《广雅·释诂》："尹，官也。"王氏《疏证》曰："《尔雅》，'尹，正也。'郭璞注云：'谓官正也。'《周颂·臣工传》云：'工，官也。'《洪范》云：'师尹惟日。'《皋陶谟》云：'庶尹允谐。'《尧典》云：'允厘百工。'"又，尹犹君也。《左传》隐三年经文，"君氏卒"，《公羊传》《榖梁》作尹氏卒。《左传》昭二年，"棠君"，《释文》云，君本作尹。然金文中文之加口虽有时可有可略，而君尹之称实有别异。如周公子明诸器，"还诸尹，还里君"，盖尹司职，君司土，果原为一字，彼时在施用上已分化矣。

昆 《诗》《左传》《论语》中，用昆为兄之例甚多。《尔雅·释亲》，亦晜（昆）、兄错用。

翁 《广雅·释亲》："翁，父也。"《疏证》："《史记·项羽纪》云：'吾翁即若翁。'"此以翁为父。《方言》："凡尊老，周晋秦陇谓之公，或谓之翁。"此以翁为泛称老者。又，汉世公主称翁主，则汉世言翁，实即公矣。翁字虽有此多义，然尹翁旧字子兄，此翁与兄同义之确证也。翁与兄同义，并不害其可用于称父。人每谓父兄为老，而父兄在家亦有其同地位。父没，兄之权犹父也。自老挈乳之殊字，可以分称父兄，初无奇异。如姐，《广雅》以为母也，今则南北人以称其姊。

官　《周礼》牛人，掌养国之公牛，巾车，掌公车之政令，注并云："公犹官也。"

哥　后起字。然今俗语含古音甚多，而古字之读音，或反不如。例如爸之声固近于父之古读，而父之今读反远于父之古读。

循上列诸义，试为其关系之图。此虽只可作为假设，然提醒处颇多，充而实之，俟异日焉。

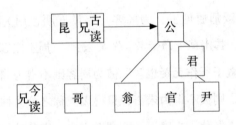

公一名在有土者之称谓中，无泛于此者。王室之元老称公，召公、毛公等是。王室之卿士邑君称公，刘子、尹子是。若宋则于公之外并无他号。伯亦得称公。《吴语》："董褐复命曰……'夫命圭有命，固曰吴伯，不曰吴王；诸侯是以敢辞。夫诸侯无二君，而周无二王。君若无卑天子，以干其不祥，而曰吴公，孤敢不顺从君命长弟！许诺。'吴王许诺乃退就幕而会。吴公先歃，晋侯亚之。"是伯之称公可布于盟书也，侯在其国皆称公，不特《左传》可以为证，《诗》《书》皆然。《书·费誓》："公曰，嗟！"《秦誓》："公曰，嗟！"子男亦称公。春秋于许男之葬固书公，不书男。至于由其孳生之词，如公子，不闻更有侯子、伯子。然则公者，一切有土者之泛称，并非班爵之号。

宋之称公，缘其为先朝之旧，并非周所封建之侯，而亦不得称王耳，虞、虢之称公，缘其为王甸中大宗。侯伯子男皆可于其国称公，或约邻国人称之曰公，非僭也。果其为僭者，何缘自西周之初即如此耶？以公称为僭者，朱人说经之陋，曾不顾及《春秋》本文也。

宋之不在诸侯列，可以金文证之。吴大澂释周憲鼎文云："口厥师眉见王，为周客。锡贝五朋，用为宝器；鼎二，敦二，其用享于乃帝考。"吴云："周王之客，殷帝之子，其为微子所作无疑也。"彼为周客则不得为周侯。周不容有二王，则彼不得为宋王，只得以泛称之公为称，最近情理者也。《春秋》之序，王卿霸者之后，宋公独先，亦当以其实非任诸侯之列，不当以其称公也。

侯者，射侯之义，殷周之言侯，犹汉之言持节也。《仪礼·大射仪》："司马命量人量侯道。"郑注："所射正谓之侯者，天子中之则能服诸侯，诸侯以下中之则得为诸侯。"此当与侯之初义为近。《周书·职方》："其外方五百里，为侯服。"注："孔曰，侯，为王斥候也。"此当引申之义。 侯之称见于殷墟卜辞。民国十七年董彦堂先生所获有"命周侯"之语，而前人所见有侯虎等词，是知侯之一称旧矣，其非周之创作无疑。至于何缘以射侯之称加于守

138

土建藩之士，则亦有说。射者，商周时代最重之事，亦即最重之礼。《左传》，晋文公受九锡为侯伯时，辂服之次，彤弓、彤矢为先。《诗三百》中，王者之锡，亦只彤弓之赐独成一篇。又《齐风·猗嗟》，齐人美其甥鲁庄公也，除美其容止以外，太体皆称其射仪。其词曰：

猗嗟昌兮！顾而长兮！抑若扬兮！美目扬兮！巧趋跄兮！射则臧兮！

猗嗟名兮！美目清兮！仪既成兮！终日射侯！不出正兮！展我甥兮！

猗嗟娈兮！清扬婉兮！舞则选兮！射则贯兮！四矢反兮！以御乱兮！

是知纠纠武夫者，公侯之干城；射则贯者，王者之干城也。侯非王畿以内之称，因王畿以内自有王师，无所用其为王者斥候也。而亦非一切畿外有土者之通称，因有土者不必皆得受命建侯。必建藩于王畿之外，而为王者有守土御乱之义，然后称侯。内之与王田内之有土称公者不同，外之与侯卫宾服者亦异。后世持节佩符者，其义实与侯无二。

伯者，长也。此《说文》说，而疏家用之，寻以经传及金文记此称谓诸处之义，此说不误也。伯即一宗诸子之首，在彼时制度之下，一家之长，即为一国之长，故一国之长曰伯，不论其在王田在诸侯也。在王甸之称伯者，如召伯虎，王之元老也；如毛伯，王之叔父也；芮伯，王之卿士也。在诸侯之称伯者，如曹伯、郕伯，此王之同姓也；如秦伯、杞伯，此王之异姓也。至于伯之异于侯者，可由侯之称不及于畿内，伯之称遍及于中外观之。由此可知伯为泛名，侯为专号，伯为建宗有国者至通称，侯为封藩守疆者之殊爵也。若子，则除蛮夷称子外，当为邦伯之庶国（论详下节）。果此设定不误，是真同于日耳曼制graf、landgraf、markgraf之别矣。graf者，有土者一宗中之庶昆弟，当子；landgraf者，有土者一宗中之长，当伯；markgraf者，有土者斥候于边疆，得以建节专征者也。

传说（即《春秋》《左传》《杜解》等，以顾表为代表）之称伯者，与金文中所见之称侯伯者，颇有参差，看前表即知之。金文称伯者特多，传说则侯多。已出金文之全部统计尚未知，而金文既非尽出，其中时代又非尽知，且金文非可尽代表当世，故如持今日金文之知识以正顾表，诚哉其不足。然亦有数事可得而论次者：一则王室卿士公伯互称，此可知伯之非所谓爵也。二则齐鲁侯国绝不称伯，此可知侯之为号，固有殊异之荣。呈则公固侯伯之泛称也。又一趋向可由顾表推知者，即称侯之国，其可考者几无不是周初宗胤，后来封建，若郑若秦，虽大，不得为侯。意者侯之为封本袭殷商，周初开辟土宇，犹有此戎武之号。逮于晚业，拓土无可言，遂不用乎？周威烈王二十三年，命晋大夫魏斯、赵藉、韩虔为诸侯，后又以侯命田氏。此均战国初事，当时小国尽灭，列国皆侯称，威烈王但抄古礼而已，非当时之制矣。

侯伯之伯，论作用则为伯之引申，论文义反是伯之本义。犹云诸侯之长，与上文所叙宗法意义下之伯，在字义上全同，即皆就长而言，在指谓上全不同，即一为家长（即国长），一为众侯之长耳。

子者，儿也。下列金文甲文异形，观其形，知其义，今作子者借字也。

以子称有土者，已见于殷。微子箕子是。子者，王之子，故子之本义虽卑，而箕子微子之称子者，因其为王子，则甚崇。至于周世，则以子称有土者，约有数类。最显见者为诸邦之庶子。邦之长子曰伯，然一邦之内，可封数邦，一邦之外，可封某邦之庶子，仍其本国之称。然则此之谓子，正对伯而言。吴之本国在河东王甸之中，故越在东南者为子。鄫之本国何在，令不可考知，然能于宗周时与申同以兵力加于周室，其不越在东夷可知，而越在东夷者为子。然则子之此义，正仲叔季之通称，与公子之义本无区别，仅事实上有土无土之差耳。诸侯之卿士称子，亦缘在初诸为侯卿士者正是诸侯之子，又王甸中之小君，无宗子称伯者可证，或亦称子，如刘子尹子。若然，则子之为称，亦王甸中众君之

141

号，其称伯者，乃特得立长宗者耳。

至于蛮夷之有土者。则亦为人称子，自称王公侯伯。宗周钟，"王肈遹省文迋，堇疆土。南国服子敢舀虐我土"，是金文中之证。若《春秋》，则以子称一切蛮夷，尤为显然。此类子称，有若干既非被称者之自认，又非王室班爵之号。此可证明者：例如荆楚，彼自称王，诸侯与之订盟，无论其次序先后如何，准以散盘大氏称王之例，及楚之实力，其必不贬号无疑也。然《春秋》记盟，犹书曰楚子。《国语·吴语》："夫命圭有命，固曰吴伯，不曰吴王，诸侯是以敢辞。夫诸侯无二君，而周无二王。君若无卑天子，以干其不祥，而曰吴公，孤敢不顺从君命长弟！许诺。吴王许诺，乃退就幕而会。吴公先歃，晋侯亚之。"《春秋》书曰"吴子"，既与吴之自号不同，又与命圭有异也；是以蛮夷待吴也。至命圭有命，固曰吴伯者，意者吴之本宗在河东者已亡，句吴遂得承宗为伯乎？今又以金文较《春秋》，则莒自称为侯，而《春秋》子之；邾自泛称公，而《春秋》子之；楚自称为王、为公，而《春秋》子之。虽金文亦有自称子者，如许，然真在蛮夷者，并不自居于子也。然则蛮夷称子，实以贱之，谓其不得比于长宗耳。子伯之称既无间于王甸及畿外，其初义非爵，而为家族中之亲属关系，无疑矣！

就子一称之演变观之，颇有可供人发噱者。子本卑称，而王子冠以地名，则尊，微子箕子是也。不冠地名，则称王子，如王子比干。此之为子，非可尽人得而子之。称于王

142

室一家之内者，转之于外，颇有不恭之嫌。满洲多尔衮当福临可汗初年摄政时，通于福临之母，臣下奏章称曰叔父摄政王，此犹满人未习汉俗之严分内外。果有汉臣奏请，叔父者，皇之叔父，非可尽人得而叔父之；遂冠皇于叔父之上。此正如王子公子之造辞也。子一名在周初如何用，颇不了然，《周书》历举有土之君，子号不见。春秋之初，诸侯之卿，王室之卿，均称子，已见于典籍矣。前一格如齐之高国，晋之诸卿，鲁之三桓，后一格如刘子。至孔子时，士亦称子，孔子即其例也。战国之世，一切术士皆称子，子之称滥极矣。汉世崇经术。子之称转贵，汉武诏书，"子丈夫"，是也。其后历南北朝隋唐，子为严称。至宋则方巾之士，自号号人，皆曰子，而流俗固不以子为尊号。今如古其语言，呼人以子，强者必怒于言，弱者必怒于色矣。又"先生"一称，其运命颇可与子比拟。《论语》："有酒食，先生馔，有事弟子服其劳。"此先生谓父兄也。至汉而传经传术者犹传家，皆先生其所自出，此非谓父兄也。今先生犹为通称，而俚俗亦每将此词用于颇不佳之职业。又"爷"之一词亦然。《木兰词》，"阿爷无大儿，木兰无长兄"，又云"不闻爷娘唤女声"，爷者，父也。今北方俗呼祖曰爷，外祖曰老爷，犹近此义。明称阁部为老爷，以尊其亲者尊之也。历清代遞降，至清末则虽以知县县丞之微，不愿人称之为老爷而求人称之为大老爷。此三词者，"子""先生""爷"，皆始于家族，流为官称，忽焉抬举甚高，中经

143

降落，其末流乃沉沦为不尊之称焉。

男者，附庸之号，有周公子明诸器所谓"诸侯，侯田男"者为之确证。按以《周书》所称"庶邦侯田男卫"诸词，此解可为定论。男既甚卑，则称男者应多，然《春秋》只书许男，而许又自称子（许子钟、许子簠）。此由许本鲁之附庸，鲁之势力东移，渐失其西方之纲纪，许缘以坐大，而不甘于附庸之列。鲁虽只希望"居常与许"，终不能忘情，《春秋》遂一仍许男之称焉。鲁许之关系，别详拙著《大东小东说》，此不具论。

三、既非五等，更无五等爵制

以上之分析与疏通，义虽不尽新，而系统言之，今为初步。其中罅漏甚多，惟下列结语颇可得而论定焉。

一、公伯子男，皆一家之内所称名号，初义并非官爵，亦非班列。侯则武士之义，此两类皆宗法封建制度下之当然结果。盖封建宗法下之政治组织，制则家族，政则戎事，官属犹且世及，何况邦君？如其成盟，非宗盟而何？周室与诸国之关系，非同族则姻戚，非姻戚则"夷狄"。盖家族伦理即政治伦理，家族称谓即政治称谓。自战国来，国家去宗法而就军国，其时方术之士，遂忘其古者之不如是，于是班爵禄之异说起焉。实则"五等爵"者，本非一事，既未可以言等，更未可以言班爵也。

二、五名之称，缘自殷商，不可以言周制。今于卜辞中侯伯俱见，其义已显，上文叙之已详。若公则载于《殷虚书契前编》卷二第三页者凡二，子、男二字亦均见，特文句残缺，无从得知其确义耳。

三、《春秋》虽断烂，其源实出鲁国，故其称谓一遵鲁国之习惯，与当时盟会之实辞，周室命圭之所命，各有不同。与其谓《春秋》有褒贬之义，毋宁谓其遵鲁国之习耳。

四、男之对侯，子之对伯，一则有隶属之义，一则有庶长之别。其有等差，固可晓然。若伯之与侯，侯之于公，实不可徒以为一系统中之差别。

殷周（指西周，下文同）之世，在统治者阶级中，家即是国，国即是家。家指人之众，国指土之疆。有人斯有土，实一事耳。然世入春秋，宗法大乱。春秋初年，可称为列国群公子相杀时代，其结果或则大宗之权，落于庶支，例如宋鲁；或则异姓大夫，得而秉政，例如齐晋。晋为军国社会最先成立之国家，其原因乃由于献公前后之尽诛公族。桓庄之族死于先，献惠之子杀于后。故自重耳秉政，执政者尽为异姓之卿。在此情景之下，家国之别，遂判然焉。孟子以为国之本在家者，仍以春秋时代宗法之义言之也。自家国判然为二事，然后一切官私之观念生，战国初年，乃中国社会自"家国"入"官国"之时期。顾亭林所谓一大变者也。前此家国非二事也。《诗》曰："雨我公田，遂及我私。"此谓国君之公，非后世所谓公家之公，战国人狃于当时官国之见，以为古者之班爵整严，殊不知古时家、部落、国家，三者不分者，不能有此也。狃于当时家国之分，殊不知殷周本无是也。狃于当时君臣之义，殊不知古之所谓臣，即奴隶及其他不自由人。金文中时有锡臣若干人之说；《论语》："子疾病，子路使门人为臣……子曰，无臣而为有臣，将谁欺？欺天乎？且予死于臣之手也，毋宁死于二三子之手乎？"皆可为证。至春秋而王公之臣几与君子同列（君子初义本如公子）。至战国而君臣之间义不合则去。此类家国之异、公私之分，皆殷周所不能有也。战国所谓君臣之义，有时即正如殷周时家长与其一家之众之义耳。吾辨五等爵之本由后人拼凑而成，有无此整齐之制，所识虽小，然可借为殷周"家国制"之证，于识当时文化程度，不无可以参考者焉。

中华民国十九年一月写于北平

按，此文主旨，大体想就于六七年前旅居柏林时，后曾以大意匆匆写投顾颉刚先生，为顾先生登于《国立中山大学语言历史学研究所周刊》第十四期。今思之较周，节目自异，然立论所归仍与前同。附记于此，以标同异。

校稿时补记——盂鼎，"隹殷边侯、田（甸）雩（越）殷正百碎，率肄于酒，古（故）丧自

147

（师）"。曰"边侯"，则其为斥候之意至显，而"边侯"之称尤与markgraf合。

（原载1930年5月《国立中央研究院历史语言研究所集刊》第二本第一分）

附录

与顾颉刚论古史书

颉刚足下：

我这几年到欧洲，除最初一时间外，竟不曾给你信，虽然承你累次的寄信与著作。所以虽在交情之义激如我们，恐怕你也轻则失望，重则为最正当之怒了。然而我却没有一天不曾想写信给你过，只是因为我写信的情形受牛顿律的支配，"与距离之自成方之反转成比例"，所以在柏林朋友尚每每通信以代懒者之行步，德国以外已少，而家信及国内朋友信竟是稀得极厉害，至于使老母发白。而且我一向懒惰，偶然以刺激而躁动一下子，不久又回复原状态。我的身体之坏如此，这么一个习惯实有保护的作用救了我一条命。但因此已使我三年做的事不及一年。我当年读稽叔夜的信说他自己那样懒法，颇不能了解，现在不特觉得他那样是自然，并且觉得他懒得全不尽致。我日日想写信给你而觉得拿起笔来须用举金箍棒之力，故总想"明天罢"。而此明天是永久不来的明天，明天，明天……至于今天，或者今天不完，以后又是明天，明天，明天……这真是下半世的光景！对于爱我的朋友如你，何以为情！

私事待信末谈，先谈两件《努力周报》上事物。在当时本发愤想写一大篇寄去参加你们的论战，然而以懒的结果不曾下笔而"努力"下世。我尚且仍然想着，必然写出寄适之先生交别的报登，窃自比季子挂剑之义，然而总是心慕者季子，力困若叔夜，至今已把当时如泉涌的意思忘到什七八，文章是做不成的了，且把尚能记得者寄我颉刚。潦草，不像给我颉刚的信，但终差好于无字真经。只是请你认此断红上相思之字，幸勿举此遐想以告人耳。

第一件是我对于丁文江先生的《历史人物与地理的关系》一篇文章的意见。（以下见《评丁文江历史人物与地理的关系》文，不复载。）

其二，论颉刚的古史论。三百年中，史学，文籍考订学，得了你这篇文字，而有"大小总汇"。三百年中所谓汉学之一路，实在含括两种学问：一是语文学，二是史学，文籍考订学。这俩以外，也更没有什么更大的东西：偶然冒充有之，也每是些荒谬物事，如今文家经世之论等。拿这两样比着看，量是语文学的成绩较多。这恐怕是从事这类的第一流才力多些，或者也因为从事这科，不如从事史学文籍考订者所受正统观念限制之多。谈语言学者尽可谓"亦既觏止"之觌为交媾，"握椒"之为房中药。汉宋大儒，康成元晦，如此为之，并不因此而失掉他的为"大儒"。若把"圣帝明王"之"真迹"布出，马上便是一叛道的人。但这一派比较发达上差少的史学考订学，一遇到颉刚的手里，便登时现出超过语文学已有的成绩之形势，那么你这个古史论价值的大还等我说吗？这话何以见得呢？我们可以说道，颉刚以前，史学考订学中真正全是科学家精神的，只是阎若璩、崔述几个人。今文学时或有善言，然大抵是些浮华之士；又专以门户为见，他所谓假的古文，固大体是假，他所谓真的今文，亦一般地不得真。所有靠得住的成绩，只是一部《古文尚书》和一部分的左氏、《周官》之惑疑（这也只是提议，未能成就）；而语文那面竟有无数的获得。但是，这语文学的中央题目是古音，汉学家多半"考古之功多，审音之功浅"，所以最大的成绩是统计的分类通转，指出符号来，而指不出实音来。现在尚有很多的事可做；果然有其人，未尝不可凌孔轹轩而压倒王氏父子。史学的中央题目，就是你这《累层地造成的中国古史》，可是从你这发挥之后，大体之结构已备就，没有什么再多的根据物可找。前见《晨报》上有李玄伯兄一文，谓古史之定夺要待后来之掘地。诚然掘地是最要事，但不是和你的古史论一个问题。掘地自然可以掘出些史前的物事、商周的物事，但这只是中国初期文化史。若关于文籍的发掘，恐怕不能很多。（殷墟是商社，故有如许文书的发现，这等事例岂是可以常希望的。）而你这一个

151

题目，乃是一切经传子家的总锁钥，一部中国古代方术思想史的真线索，一个周汉思想的摄镜，一个古史学的新大成。这是不能为后来的掘地所掩的，正因为不在一个题目之下。岂特这样，你这古史论无待于后来的掘地，而后来的掘地却有待于你这古史论。现存的文书如不清白，后来的工作如何把它取用。

偶然的发现不可期，系统的发掘须待文籍整理后方可使人知其地望。所以你还是在宝座上安稳地坐下去罢，不要怕掘地的人把你陷了下去。自然有无量题目要仔细处置的，但这都是你这一个中央思想下的布列。犹之乎我们可以造些动力学的Theorem，但这根本是Newton的。我们可以研究某种动物或植物至精细，得些贯通的条理，但生物学的根本基石是达尔文。学科的范围有大小，中国古史学自然比力学或生物学小得多。但它自是一种独立的，而也有价值的学问。你在这个学问中的地位，便恰如牛顿之在力学，达尔文之在生物学。

去年春天和志希、从吾诸位谈，他们都是研究史学的。"颉刚是在史学上称王了，恰被他把这个宝贝弄到手；你们无论再弄到什么宝贝，然而以他所据的地位在中央的缘故，终不能不臣于他。我以不弄史学而幸免此危，究不失为'光武之故人也'。几年不见颉刚，不料成就到这么大！这事原是在别人而不在我的颉刚的话，我或者不免生点忌妒的意思，吹毛求疵，硬去找争执的地方；但早晚也是非拜倒不可的。"

颉刚，我称赞你够了么！请你不要以我这话是朋友的感情；此间熟人读你文的，几乎都是这意见。此特你应做的事，就是赶快把你这番事业弄成。我看见的你的文并不全，只是《努力》上，《读书杂志》九、十、十一、十二、十四（十三号未见过，十四号后也未见过）所登的。我见别处登有你题目，十四号末又注明未完；且事隔已如此之久，其间你必更有些好见解，希望你把你印出的文一律寄我一看。看来禹的一个次序，你已找就了，此外的几个观念，如尧、舜、神农、黄帝、许由、仓颉，等等，都仔细照处理禹的办法处置他一下子。又如商汤、周文，周公虽然是真的人，但其传说也是历时变的。龟甲文上成汤并不称成汤。《商颂》里的武王是个光大商业而使上帝之"命式于九围"的，克夏不算重事。《周诰》里周公说到成汤，便特别注重他的"革夏"，遂至结论到周之克殷，"于汤有光"的滑稽调上去（此恰如满酋玄烨诔孝陵的话）。到了孟子的时代想去使齐梁君主听他话，尤其是想使小小滕侯不要短气，便造了"汤以七十里兴，文王以百里兴"的话头，直接与《诗·颂》矛盾。到了嵇康之薄汤武，自然心中另是一回事。至于文王周公的转变更多。周公在孔子正名的时代，是建国立制的一个大人物。在孟子息邪说、距诐行的时代，是位息邪说、距诐行的冢相。在今文时代，可以称王。在王莽时代，变要居摄。到了六朝时，真个的列爵为五、列卿为六了，他便是孔子的大哥哥，谢夫人所不满意事之负责任者。（可惜满清初年不文，不知"文以诗书"，只知太后下嫁。不然，周公又成满酋多尔衮；这恐怕反而近似。）这样变法，岂有一条不是以时代为背景。尤其要紧的，便是一个孔子问题。孔子从《论语》到孔教会翻新了的梁漱溟，变了岂止七十二，而且每每是些剧烈的变化，简直摸不着头脑的。其中更有些非常滑稽的。例如苏洵是个讼棍，他的《六经论》中的圣人（自然是孔子和其他），心术便如讼棍。长素先生要做孔老大，要改制，便作一部《孔子改制托古考》；其实新学伪经，便是清朝的康有为作的。梁漱溟总还勉强是一个聪明人，只是所习惯的环境太陋了，便挑了一个顶陋的东西来，呼之为"礼乐"，说是孔家真传：主义是前进不能，后退不许，半空吊着，简直使孔丘活受罪。这只是略提一二例而已，其实妙文多着哩。如果把孔子问题弄清一下，除去历史学的兴味外，也可以灭掉后来许多梁漱溟，至少也可以使后来的梁漱溟但为梁漱溟的梁漱溟，不复能为孔家店的梁漱溟。要是把历来的"孔丘七十二变又变……"写成一本书，从我这不庄重的心思看去，可以如欧洲教会教条史之可以解兴发噱。从你这庄重的心思看去，便一个中国思想演流的反射分析镜，也许得到些中国历来学究的心座（Freudian complexes）来，正未可料。

你自然先以文书中选择的材料证成这个："累层地"，但这个累层地的观念大体成后，可以转去分析各个经传子家的成籍。如此，则所得的效果，是一部总括以前文籍分析，而启后来实地工作的一部古史，又是一部最体要的民间思想流变史，又立一个为后来证订一切古籍的标准。这话是虚吗？然则我谓它是个"大小总汇"，只有不及，岂是过称吗？

大凡科学上一个理论的价值，决于它所施作的度量深不深，所施作的范围广不广，此外恐更没有什么有形的标准。你这个古史论，是使我们对于周汉的物事一切改观的，是使汉学的问题件件在它支配之下的，我们可以到处找到它的施作的地域来。前年我读你文时，心中的意思如涌泉。当时不写下，后来忘了一大半。现在且把尚未忘完的几条写下。其中好些只是你这论的演绎。

（一）试想几篇《戴记》的时代

大小《戴记》中，材料之价值不等，时代尤其有参差，但包括一部古儒家史，实应该从早分析研究一回。我从到欧洲来，未读中国书，旧带的几本早已丢去。想《戴记》中最要四篇，《乐记》《礼运》《大学》《中庸》，当可背诵，思一理之。及一思之，恨《乐记》已不能背。见你文之初，思如涌泉，曾于一晚想到《大学》《中庸》之分析。后来找到《戴记》一读，思想未曾改变。又把《礼运》一分量，觉得又有一番意思。今写如下：

《大学》　孟子说："人有恒言，皆曰天下国家。天下之本在国，国之本在家，家之本在身。"可见孟子时尚没有《大学》一种完备发育的"身家国天下系统哲学"。孟子只是始提这个思想。换言之，这个思想在孟子时是胎儿，而在《大学》时已是成人了。可见《孟子》在先，《大学》在后。《大学》老说平天下，而与孔子、孟子不同。孔子时候有孔子时候的平天下，"九合诸侯，一匡天下"，如桓文之霸业是也。孟子时候有孟子时候的平天下，所谓"以齐王"是也。列国分立时之平天下，总是讲究天下定于一，姑无论是"合诸侯，匡天下"，是以公山弗扰为"东周"，是"以齐王"，总都是些国与国间的关系。然而《大学》之谈"平天下"，但谈理财。理财本是一个治国的要务；到了理财成了平天下的要务，必在天下已一之后。可见《大学》不见于秦皇。《大学》引《秦誓》，《书》是出于伏生的，我总疑心《书》之含《秦誓》是伏生为秦博士的痕迹，这话要真，《大学》要后于秦代了。且《大学》末后大骂一阵聚敛之臣。汉初兵革扰扰，不成政治，无所谓聚敛之臣。文帝最不曾用聚敛之臣，而景帝也未用过。直到武帝时才大用而特用，而《大学》也就大骂而特骂了。《大学》总不能先于秦，而汉初也直到武帝才大用聚敛之臣，如果《大学》是对时而立论，意者其作于孔、桑登用之后，轮台下诏之前乎？且《大学》中没有一点从武帝后大发达之炎炎奇怪的今文思想，可见以断于武帝时为近是。不知颉刚以我这盐铁论观的

156

《大学》为何如？

《中庸》《中庸》显然是三个不同的分子造成的，今姑名为甲部、乙部、丙部。甲部《中庸》从"子曰君子中庸"起，到"子曰父母其顺矣乎"止。开头曰中庸，很像篇首的话。其所谓中庸，正是两端之中，庸常之道，写一个Petit bourgeois之人生观。"妻子好合，如鼓瑟琴；兄弟既翕，和乐且耽。"不述索隐行怪而有甚多的修养，不谈大题而论社会家庭间事，显然是一个世家的观念（其为子思否不关大旨），显然是一个文化甚细密中的东西——鲁国的东西，显然不是一个发大议论的笔墨——汉儒的笔墨。从"子曰鬼神之为德"起，到"治国其如示诸掌乎"止，已经有些大言了，然而尚不是大架子的哲学。此一节显然像是甲部、丙部之过渡。至于第三部，从"哀公问政"起到篇末，还有头上"天命之谓性"到"万物育焉"一个大帽子，共为丙部，纯粹是汉儒的东西。这部中所谓中庸，已经全不是甲部的"庸德之行，庸言之谨"，而是"中和"了。《中庸》本是一家之小言，而这一部中乃是一个汇合一切，而谓其不冲突——太和——之哲学。盖原始所谓中者，乃取其中之一点而不从其两端；此处所谓中者，以其中括合其两端，所以仲尼便祖述尧舜（法先王），宪章文武（法后王），上律天时（羲和），下袭水土（禹）。这比孟子称孔子之集大成更进一步了。孟子所谓"金声玉振"尚是一个论德性的话，此处乃是想孔子去包罗一切人物：孟荀之所以不同，儒墨之所以

157

有异，都把他一炉而熔之。"九经"之九事，在本来是矛盾的，如亲亲尊贤是也，今乃并行而不相悖。这岂是晚周子家所敢去想的。这个"累层地"，你以为对不对？

然而《中庸》丙部也不能太后，因为虽提祯祥，尚未入纬。

西汉人的思想截然和晚周人的思想不同。西汉人的文章也截然与晚周人的文章不同。我想下列几个标准可以助我们决定谁是谁。

（一）就事说话的是晚周的，做起文章来的是西汉的。

（二）研究问题的是晚周的，谈主义的是西汉的。

（三）思想也成一贯，然不为系统的铺排的是晚周，为系统的铺排的是西汉。

（四）凡是一篇文章或一部书，读了不能够想出它时代的背景来的，就是说，发的议论对于时代独立的，是西汉。而反过来的一面，就是说，能想出它的时代的背景来的却不一定是晚周。因为汉朝也有就事论事的著作家，而晚周却没有凭空成思之为方术者。

《吕览》是中国第一部一家著述，以前只是些语录。话说得无论如何头脑不清，终不能成八股。以事为学，不能抽象。汉儒的八股，必是以学为学；不窥园亭，遑论社会。

《礼运》《礼运》一篇，看来显系三段。"是谓疵国，故政者之所以藏身也"（应于此断，不当从郑）以前（但其中由"言偃复问曰"到"礼之大成"一节须除去）是一段，是淡淡鲁生的文章。"夫政必本于天……"以下是一段，是炎炎汉儒的议论，是一个汉儒的系统玄学。这两段截然不同。至于由"言偃复问曰"到"礼之大成"一段，又和上两者各不同，文辞略同下部而思想则不如彼之侈。"是为小康"，应直接"舍鲁何适矣"。现在我们把《礼运》前半自为独立之一篇，并合其中加入之一大节去看，鲁国之乡曲意味，尚且很大。是论兵革之起，臣宰之僭，上规汤武，下薄三家的仍类于孔子正名，其说先生仍是空空洞洞，不到《易传》实指其名的地步。又谈禹汤文武成王周公而不谈尧舜，偏偏所谓"大道之行也"云云即是后人所指尧舜的故事。尧舜禹都是儒者之理想之Incarnation，自然先有这理想，然后再Incarnated到谁和谁身上去。此地很说了些这个理想，不曾说是谁来，像是这篇之时之尧舜尚是有其义而无其词，或者当时尧舜俱品之传说未定，尚是流质呢。所谈禹的故事，反是争国之首，尤其奇怪。既不同雅颂，又不如后说，或者在那个禹观念进化表上，这个《礼运》中的禹是个方域的差异。我们不能不承认传说之方域的差异，犹之乎在言语学上不能不承认方言。又他的政治观念如"老有所终"以下一大段，已是《孟子》的意思，只不如《孟子》详。又这篇中所谓礼，实在有时等于《论语》上所谓名。又"升屋而号"恰是墨子引以攻儒家的。又"玄酒在室"至"礼之大成也"一段，不亦乐乎的一个鲁国的 Petit bourgeois 之 Kultur。至于"呜呼哀哉"以下，便是正名论。春秋战国间大夫纷纷篡诸侯，家臣纷纷篡大夫，这篇文章如此注意及此，或者去这时候尚未甚远。这篇文章虽然不像很旧，但看来总在《易·系》之前。

《易·系》总是一个很迟的东西，恐怕只是稍先于太史公。背不出，不及细想。

（二）孔子与六经

玄同先生这个精而了然的短文，自己去了许多云雾。我自己的感觉如下：

《易》　《论语》："夏礼吾能言之，杞不足征也。殷礼吾能言之，宋不足征也。文献不足故也；足，则吾能征之矣。"《中庸》："吾说夏礼，杞不足征也。吾学殷礼，有宋存焉。吾学周礼，今用之，吾从周。"《礼运》："吾欲观夏道，是故之杞，而不足征也，吾得夏时焉。吾欲观殷道，是故之宋，而不足征也，吾得坤乾焉。坤乾之义，夏时之等，吾以是观之。"附《易》于宋，由这看来，显系后起之说。而且现在的《易》是所谓《周易》，乾上坤下，是与所谓《归藏》不同。假如《周易》是孔子所订，则传说之出自孔门，绝不会如此之迟，亦不会如此之矛盾纷乱。且商瞿不见于《论语》，《论语》上孔子之思想绝对和《易·系》不同。

《诗》　以墨子证诗三百篇，则知诗三百至少是当年鲁国的公有教育品，或者更普及（墨子，鲁人）。看《左传》《论语》所引《诗》大同小异，想见其始终未曾有定本。孔子于删诗何有焉。

《书》 也是如此。但现在的《今文尚书》，可真和孔子和墨子的书不同了。现在的今文面目，与其谓是孔子所删，毋宁谓是伏生所删。终于《秦誓》，显出秦博士的马脚来。其中真是有太多假的，除虞、夏《书》一望而知其假外，周《书》中恐亦不少。

《礼》《乐》 我觉玄同先生所论甚是。

《春秋》 至于《春秋》和孔子的关系，我却不敢和玄同先生苟同。也许因为我从甚小时读孔广森的书，印下一个不易磨灭的印象，成了一个不自觉的偏见。现在先别说一句。从孔门弟子到孔教会梁漱溟造的那些孔教传奇，大别可分为三类：一怪异的，二学究的，三为人情和社会历史观念所绝对不能容许的。一层一层地剥去，孔丘真成空丘（或云孔，空）了。或者人竟就此去说孔子不是个历史上的人。但这话究竟是笑话。在哀公时代，鲁国必有一个孔丘字仲尼者。那么，困难又来了。孔子之享大名，不特是可以在晚周儒家中看出的，并且是在反对他的人们的话中证到的。孔子以什么缘由享大名虽无明文，但他在当时享大名是没有问题的。也许孔子是个平庸人，但平庸人享大名必须机会好；他所无端碰到的一个机会是个大题目，如刘盆子式的黎元洪碰到武昌起义是也。所以孔丘之成名，即令不由于他是大人物，也必由于他借到大题目，总不会没有原因的。不特孔丘未曾删定六经，即令删定，这也并不见得就是他成大名的充足理由。在衰败的六朝，虽然穷博士，后来也以别的缘故做起了皇帝。然当天汉盛世，博士的运动尚且是偏于乘障落头一方面；有人一朝失足于六艺，便至于终其身不得致公卿。只是汉朝历史是司马氏班氏写的，颇为儒生吹吹，使后人觉得"像煞有介事"罢了。但有时也露了马脚，所谓"主上所戏弄，流俗所轻，优倡之所蓄"也。何况更在好几百年以前。所以孔丘即令删述六经，也但等于东方朔的诵四十四万言，容或可以做哀公的幸臣，尚决不足做季氏的冢宰，更焉有驰名列国的道理。现在我们舍去后来无限的孔子追加篇，但凭《论语》及别的不多的记载，也可以看出一个线索来。我们说，孔丘并不以下帷攻《诗》《书》而得势，他于《诗》《书》的研究与了解实在远不及二千四百年后的顾颉刚，却是以有话向诸侯说而得名。他是游谈家的前驱。游谈家靠有题目，游谈家在德谟克拉西的国家，则为演说家，好比雅典的Demosthenes，罗马的Cicero，都不是有甚深学问，或甚何Originality的人。然而只是才气过人，把当时时代背景之总汇抓来，做一个大题目去吹擂，于是乎"太山北斗"，公卿折节了。

孔丘就是这样。然则孔丘时代背景的总汇是什么？我想这一层《论语》上给我们一个很明白的线索。周朝在昭穆的时代尚是盛的时候，后来虽有一乱，而宣王弄得不坏。到了幽王，不知为何原因，来了一个忽然的瓦解，如渔阳之变样的。平王东迁后的两个局面，是内面上陵下僭，"团长赶师长，师长赶督军"，外边是四夷交侵，什么"红祸白祸"，一齐都有。这个局面的原始，自然也很久了；但成了一个一般的风气，而有造成一个普遍的大劫之势，恐怕是从这时起。大夫专政，如鲁之三桓，宋之华氏，都是从春秋初年起。晋以杀公族，幸把这运命延迟上几世（其实曲沃并晋已在其时，而六卿增势也很快），至于非文化民族之来侵，楚与鲁接了界，而有灭周宋的形势；北狄灭了邢卫，殖民到伊川，尤其有使文化"底上翻"之形势。应这局面出来的人物，便是齐桓、管仲、晋文、舅犯，到孔子时，这局面的迫逼更加十倍的利害，自然出来孔子这样人物。一面有一个很好的当时一般文化的培养，一面抱着这个扼要的形势，力气充分，自然成名。你看《论语》上孔子谈政治的大节，都是指这个方向。说正名为成事之本，说三桓之子孙微，说陪臣执国命，论孟公绰，请讨田氏，非季氏之兼并等等，尤其清楚的是那样热烈地称赞管仲。"管仲相桓公，九合诸侯……微管仲，吾其披发左衽矣。"但虽然这般称许管仲，而于管仲犯名分的地方还是一点不肯放过。这个纲目，就是内里整纲纪，外边攘夷狄，使一个乱糟糟的世界依然回到成周盛世的文化上，所谓"如有用我者，吾其为东周乎"。借用一位不庄者之书名，正所谓"救救文明"（Salvaging the Civilization）。只有这样题目可以挪来为大本；也只有这个题目可以挪来说诸侯；也只有以这个题目的缘故，列国的君觉着动听，而列国的执政大臣都个个要赶他走路了。颉刚：你看我这话是玩笑吗？我实在是说正经。我明知这话里有许多设定，但不这样则既不能解孔子缘何得大名之谜，又不能把一切最早较有道理的孔子传说联合贯串起来。假如这个思想不全错，则《春秋》一部书不容一笔抹杀，而《春秋》与孔子的各类关系不能一言断其为无。现在我们对于《春秋》这部书，第一要问它是鲁史否？这事很好决定，把书上日食核对一番，便可马上断定它是不是当时的记载。便可去问，是不是孔子所笔削。现在我实在想不到有什么确据去肯定或否定，现在存留的材料实在是太少了。然把孔子"论其世"一下，连串其《论语》等等来，我们可以说孔子订《春秋》，不见得不是一个自然的事实。即令《春秋》不经孔子手定，恐怕也是一部孔子后不久而出的著作，这著作固名为《春秋》或即是现在所存的"断烂朝报"。即不然，在道理上当与现在的"断烂朝报"同类。所以才有孟子的话。这书的思想之源泉，总是在孔子的。既认定纲领，则如有人说"孔子作《春秋》"，或者说"孔子后学以孔子之旨作《春秋》"，是没有原理上的分别。公羊家言亦是屡变。《传》，《繁露》，何氏，各不同。今去公羊家之迂论与"泰甚"，去枝去叶，参着《论语》，旁边不忘孟子的话，我们不免觉得，这公羊学的宗旨是一个封建制度正名的，确尚有春秋末的背景，确不类战国中的背景，尤其不类汉。三世三统皆后说，与《公羊》本义无涉。大凡一种系统的伪造，必须与造者广义的自身合拍，如古文之与新朝政治是也。公羊家言自然许多是汉朝物事，然他不泰不甚的物事实不与汉朝相干。

大凡大家看不起《春秋》的原因，都是后人以历史待它的原故，于是乎有"断烂朝报"之说。这话非常的妙。但知《春秋》不是以记事为本分，则它之为"断烂朝报"不是它的致命伤。这句绝妙好词，被梁任公改为"流水账簿"，便极其俗气而又错了。一、春秋像朝报而不像账簿；二、流水账簿只是未加整理之账，并非断烂之账。断烂之账簿乃是上海新闻大家张东荪先生所办《时事新报》的时评，或有或无，全凭高兴，没有人敢以这样的方法写流水账的。"史"之成一观念，是很后来的。章实斋说六经皆史，实在是把后来的名词、后来的观念，加到古人的物事上而齐之，等于说"六经皆理学"一样的不通。且中国人于史的观念从来未十分客观过。司马氏班氏都是自比于孔子而作经。即司马君实也是重在"资治"上。郑夹漈也是要去贯天人的。严格说来，恐怕客观的历史家要从顾颉刚算起罢。其所以有鲁之记载，容或用为当时贵族社会中一种伦理的设用，本来已有点笔削，而孔子或孔子后世借原文自寄其笔削褒贬，也是自然。我们终不能说《春秋》是绝对客观。或者因为当时书写的材料尚很缺乏，或者因为忌讳，所以成了《春秋》这么一种怪文体，而不得不成一目录，但提醒其下之微言大义而已。这类事正很近人情。鲁史纪年必不始于隐公，亦必不终于哀公，而《春秋》却始于东迁的平王、被弑的隐公，终于获麟或孔丘卒，其式自成一个终始。故如以朝报言，则诚哉其断烂了，如以一个伦理原则之施作言，乃有头有尾的。

孟子的叙诗和《春秋》虽然是"不科学的"，但这话虽错而甚有注意的价值。从来有许多错话是值得注意的。把诗和伦理混为一谈，孔子时已成习惯了。孔子到孟子百多年，照这方面"进化"，不免到了"诗亡春秋作"之说。孟子说"其事则齐桓晋文，其文则史，其义则丘窃取之矣"。头一句颇可注意。以狭义论，《春秋》中齐桓晋文事甚少。以广义论，齐桓晋文事为霸者之征伐会盟，未尝不可说《春秋》之"事则齐桓晋文"。孔子或孔子后人做了一部书，以齐桓晋文之事为题目，其道理可想。又"其文则史，其义则丘窃取之矣"。翻作现在的话，就是说，虽然以历史为材料，而我用来但为伦理法则之施用场。

《春秋》大不类孟子的工具。如孟子那些"于传有之"的秘书，汤之囷，文王之囿，舜之老弟，禹之小儿，都随时为他使唤。只有这《春秋》，大有些不得不谈，谈却于他无益的样子。如谓春秋绝杀君，孟子却油油然发他那"诛一夫""如寇仇""则易位"的议论。如谓"春秋道名分"，则孟子日日谈王齐。春秋之事则齐桓晋文，而孟子则谓"仲尼之徒无道桓文之事者"。这些不合拍都显出这些话里自己的作用甚少，所以更有资助参考的价值。

当年少数人的贵族社会，自然有他们的标准和舆论，大约这就是史记事又笔削的所由起。史绝不会起于客观的记载事迹，可以由宗教的意思，后来变成伦理道德的意思起，可以由文学的意思起。《国语》自然属下一类，但《春秋》显然不是这局面，孔子和儒宗显然不是戏剧家。

总括以上的涉想，我觉得《春秋》之是否孔子所写是小题，《春秋》传说的思想是否为孔子的思想是大题。由前一题，无可取证。由后一题，大近情理。我觉得孔子以抓到当年时代的总题目而成列国的声名，并不是靠什么六艺。

孔子、六艺、儒家三者的关系，我觉得是由地理造成的。邹鲁在东周是文化最深密的地方。六艺本是当地的风化。所以孔子与墨子同诵诗书，同观列国春秋。与其谓孔子定六艺，毋宁谓六艺定孔子，所以六艺实在是鲁学。或者当时孔子有个国际间的大名，又有好多门徒，鲁国的中产上流阶级每引孔子以为荣，于是各门各艺都"自孔氏"。孔子一生未曾提过《易》，而商瞿未一见于《论语》，也成了孔门弟子了。孔门"弟子列传"一篇，其中真有无量不可能的事。大约是司马子长跑到鲁国的时候，把一群虚荣心造成的各"书香人家"的假家谱抄来，成一篇孔子弟子列传。我的意思可以最简单如此说：六艺是鲁国的风气，儒家是鲁国的人们；孔子所以与六艺儒家生关系，因为孔子是鲁人。与其谓六艺是儒家，是孔学，毋宁谓六艺是鲁学。

世上每每有些名实不符的事。例如后来所谓汉学，实在是王伯厚、晁公武之宋学；后来所谓宋学，实在是明朝官学。我想去搜材料，证明儒是鲁学，经是汉定（今文亦然）。康有为但见新学有伪经，不见汉学有伪经。即子家亦是汉朝给他一个定订。大约现行子书，都是刘向一班人为他定了次序的。《墨子》一部书的次序，竟然是一个儒家而颇芜杂的人定的；故最不是墨子的居最先。前七篇皆儒家书或是有道家言与墨绝端相反者（如太盛难寄），知大半子书是汉朝官订本（此意多年前告适之先生，他未注意），则知想把古书古史整理，非清理汉朝几百年一笔大账在先不可也。

（三）在周汉方术家的世界中几个趋向

我不赞成适之先生把记载老子、孔子、墨子等等之书呼作哲学史。中国本没有所谓哲学。多谢上帝，给我们民族这么一个健康的习惯。我们中国所有的哲学，尽多到苏格拉底那样子而止，就是柏拉图的也尚不全有，更不必论到近代学院中的专技哲学，自贷嘉，来卜尼兹以来的。我们若呼子家为哲学家，大有误会之可能。大凡用新名词称旧物事，物质的东西是可以的，因为相同：人文上的物事是每每不可以的，因为多是似同而异。现在我们姑称这些人们（子家）为方术家。思想一个名词也以少用为是。盖汉朝人的东西多半可说思想了，而晚周的东西总应该说是方术。

禹、舜、尧、伏羲、黄帝等等名词的真正来源，我想还是出于民间。除黄帝是秦俗之神外，如尧，我疑是唐国

（晋）民间的一个传说。舜，我疑是中国之虞或陈或荆蛮之吴民间的一个传说。尧舜或即此等地方之君（在一时）。颛顼为秦之传说，喾为楚之传说，或即其图腾。帝是仿例以加之词（始只有上帝但言帝），尧舜都是绰号。其始以民族不同方域隔膜而各称其神与传说；其后以互相流通而传说出于本境，迁土则变，变则各种之装饰出焉。各类变更所由之目的各不同，今姑想起下列几件：

（一）理智化———神秘之神成一道德之王。

（二）人间化———抽象之德成一有生有死之传。

又有下列一种趋势可寻：

满意于周之文化尤其是鲁所代表者（孔子）。

不满意于周之文化而谓孔子损益三代者。

举三代尽不措意，薄征诛而想禅让，遂有尧舜的化身。

此说又激成三派：

（1）并尧舜亦觉得大有人间烟火气，于是有许由务光。与这极端反背的便是"诛华士"，《战国策》上请诛于陵仲子之论。

（2）宽容一下，并尧舜汤武为一系的明王。（《孟子》）

（3）爽性在尧舜前再安上一个大帽子，于是有神农、黄帝、伏羲等等。

这种和他种趋势不是以无目的而为的。

上条中看出一个古道宗思想与古儒宗思想的相互影响，相互为因果。自然儒宗道宗这名词不能安在孔子时代或更前，因为儒家一名不过是鲁国的名词，而道家一名必然更后，总是汉朝的名词，或更在汉名词"黄老"以后。《史记》虽有申不害学"黄老刑名以干昭侯"的话，但汉初所谓黄老实即刑名之广义，申不害学刑名而汉人以当时名词名之，遂学了黄老刑名。然而我们总可为这两个词造个新界说，但为这一段的应用。我们第一要设定的，是孔子时代已经有一种有遗训的而又甚细密的文化，对这文化的处置可以千殊万别，然而大体上或者可分为两项：

一、根本是承受这遗传文化的，但愿多多少少损益于其中。我们姑名此为古儒宗的趋势。

二、根本上不大承认，革命于其外。我们姑名此为古道宗的趋势。

名词不过界说的缩短，切勿执名词而看此节。我们自不妨虚位地定这二事为A、B，但这种代数法，使人不快耳。造这些名词如尧、舜、许由、务光、黄（这字先带如许后来道士气）帝、华士、神农，和《庄子》书中的这氏那氏，想多是出于古道宗，因为这些人物最初都含些道宗的意味。《论语》上的舜，南面无为。许行的神农，是并耕而食。这说自然流行也很有力，儒宗不得不取适应之法。除为少数不很要紧者造个谣言，说"这正是我们的祖师所诛"（如周公诛华士）外。大多数已于民间有势力者是非引进不可了。便把这名词引进，加上些儒家的意味。于是乎绝世的许由成了士师的皋陶（这两种人也有共同，即是俱为忍人）；南面无为的

170

舜，以大功二十而为天子；并耕的神农本不多事，又不做买卖；而《易·系》的神农"耒耨之利，以教天下"，加上做买卖，虽许子亦应觉其何以不惮烦也。照儒宗的人生观，文献征者征之，本用不着造这些名词以自苦；无如这些名词先已在民间成了有势力的传说，后又在道宗手中成了寄理想的人物，故非取来改用不可。若道宗则非先造这些非历史的人物不能资号召。既造，或既取用，则儒宗先生也没有别法对付，只有翻着面过来说："你所谓者正是我们的'于传有之'，不过我们的真传所载与你这邪说所称名一而实全不同，词一而谓全不同。"反正彼此都没有龟甲钟鼎做证据，谁也莫奈得谁何。这种方法，恰似天主教对付外道。外道出来，第一步是不睬。不睬不能，第二步便是加以诛绝，把这书们加入"禁书录"上。再不能，第三步便是扬起脸来说，"这些物事恰是我们教中的"。当年如此对付希腊哲学，近世如此对付科学。天主教刑了盖理律，而近中天文学算学在教士中甚发达。

　　我这一篇半笑话基于一个假设，就是把当年这般物事分为二流，可否？我想大略可以的，因为在一个有细密文化久年遗训的社会之下，只有两个大端：一是于这遗训加以承认而损益之，一是于遗训加以否认。一般的可把欧洲千年来的物事（直至十九世纪末为止）分为教会的趋向与反教会的趋向。

　　何以必须造这一篇半笑话？我想，由这一篇半笑话可以

171

去解古书上若干的难点。例如《论语》一部书，自然是一个"多元的宇宙"，或者竟是好几百年"累层地"造成的。如"凤鸟不至"一节，显然是与纬书并起的话。但所说尧舜禹诸端，尚多是抽象以寄其理想之词，不如孟子为舜象做一篇"越人让兄""陈平盗嫂"合剧。大约总应该在孟子以前，也应该是后来一切不同的有事迹的人王尧舜禹论之初步。且看《论语》里的尧舜禹，都带些初步道宗的思想。尧是"无能名"，舜是"无为"。禹较两样些，"禹无间然"一段也颇类墨家思想之初步。然卑居处，薄食服，也未尝违于道宗思想。至于有天下而不与，却是与舜同样的了。凡这些点儿，都有些暗示我们：尧舜一类的观念起源应该在邻于道宗一类的思想，而不该在邻于儒宗一类的思想。

尧舜等传说之起，在道理上必不能和禹传说之起同源，此点颉刚言之详且尽。我想禹与墨家的关系，或者可以如下：禹本是一个南方民族的神道，一如颉刚说。大约宗教的传布，从文化较高的传入文化较低的民族中，虽然也多，然有时从文化较低的传到文化较高的，反而较易。例如耶稣教之入希腊罗马；佛教之由北印度民族入希腊文化殖民地，由西域入中国，回教之由亚剌伯入波斯（此点恐不尽由武力征服之力）。大约一个文化的社会总有些不自然的根基，发达之后，每每成一种矫揉的状态，若干人性上初基的要求，不能满足或表现。故文化越繁丰，其中越有一种潜流，颇容易感受外来的风气，或自产的一种与上层文化不合的趋向。佛教之能在中国流行，也半由于中国的礼教、道士、黄巾等，不能满足人性的各面，故不如礼教、道士、黄巾等局促之佛教，带着迷信与神秘性，一至中国，虽其文化最上层之皇帝，亦有觉得中国之无质，应求之于印度之真文。

又明末天主教入中国，不多时间，竟沿行于上级士大夫间，甚至皇帝受了洗（永历皇帝）。满洲时代，耶稣会士竟快成玄烨的国师。要不是与政治问题混了，后来的发展必大。道光后基督教之流行，也很被了外国经济侵略武力侵略之害。假如天主耶稣无保护之强国，其销路必广于现在。我们诚然不能拿后来的局面想到春秋初年，但也难保其当年不有类似的情形。这一种禹的传说，在头一步传到中国来，自然还是个神道。但演进之后，必然向别的方面走。大约墨家这一派信仰，在一般的社会文化之培养上，恐不及儒家，墨子虽然也道诗书，但这究竟不是专务雅言。这些墨家，抓到一个禹来作人格的标榜，难道有点类似佛教入中国、本国内自生宗派的意思吗？

儒家不以孔名，直到梁漱溟才有孔家教；而墨家却以墨名。这其中或者是暗示墨子造作，孔丘没有造作。又《墨经》中传有些物理学、几何学、工程学、文法学、名学的物事。这或者由于当年儒家所吸收的人多半是些中上社会，只能谈人文的故事，雅言诗书执礼；为墨家所吸收的，或者偏于中下社会，其中有些工匠技家，故不由得包含着这些不是闲吃饭的物事下来，并非墨家思想和这些物事有何等相干。

大约晚周的子家最名显的，都是些游谈之士，大则登卿相，小则为清客，不论其为是儒家或道家，孟轲或庄周。儒家是吸收不到最下层的，顶下也是到士为止。道家也是Leisured阶级之清谈。但如许行等等却很可以到了下层社会。墨家却非行到下层社会不为功。又墨家独盛于宋，而战国子家说到傻子总是宋人，这也可注意。或者宋人当时富于宗教性，非如周郑人之有Sophistry、邹鲁人之有Conventional？

至于汉朝思想趋势中，我有两个意思要说。一、由今文到纬书是自然之结果。今文把孔子抬到那样，舍成神道以外更无别法。由《易经》到纬书不容一发。今文家把它们的物事更民间化些，更可以共喻而普及，自然流为纬学。信今文必信孔子之超人入神；信孔子如此加以合俗，必有祯祥之思想。二、由今文及动出古文，是思想的进步。造伪经在现在看来是大恶，然当时人借此寄其思，诚恐不觉其恶，因为古时著作人观念之明白绝不如后人重也。但能其思想较近，不能以其造伪故而泯其为进步。古文材料虽伪，而意思每比今文合理性。

不及详叙，姑写为下列两表：

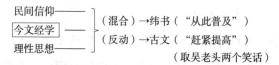

民间信仰————┐（混合）→纬书（"从此普及"）

今文经学 ———┤

理性思想————┘（反动）→古文（"赶紧提高"）

　　　　　　　　　　　　　（取吴老头两个笑话）

（专反者之例）一切弃世，所谓道　《墨子》（非命）　古文学。桓谭王充等

家。（《论语》多记此等人物。）　《荀子》（非相）

　　人 文 ———— 命 运 ———— 祯 祥 ———— 谶 纬

（专为者之例）　　　邹衍　　　董仲舒（今文）　哀平后人物

　　孔子　　　（终始五德）

（四）殷周间的故事

十年前，我以子贡为纣申冤一句话，想起桀纣传说之不可信，因疑心桀纣是照着幽王的模型造的，有褒姒故有妲己等等。这固是少时一种怪想。后来到英国，见英国爵虽五等而非一源，因而疑心中国之五等爵也有参差，有下列涉想（德国爵亦非一源）。

公　公不是爵名，恐即与"君"字同义。三公周召宋公及王畿世卿都称公，而列国诸侯除称其爵外亦称公。公想是泛称人主之名，特稍尊耳。犹英语之Lord一称，自称上帝以至于世族无爵者之妻或仆称其夫或主。如德国语之Herr亦自上帝称到一切庶人。宋是殷后，王号灭犹自与周封之诸侯不同，故但有泛称而无诸侯之号。其所以列位于会盟间次于伯而先于其他一切诸侯者，正因其为殷后，不因其称公。如若传说，一切诸侯自称公为僭，则鲁颂"乃命周公，俾侯于

东"，岂非大大不通。

子 遍检《春秋》之子爵，全无姬姓（除吴）。姬姓不封子；而封子爵者，凡有可考，立国皆在周前，或介戎狄，不与中国同列。莒子，郯子，邾子，杞子，古国也。潞子，骊子，不与中国之列者也。楚子，一向独立之大国也。吴子虽姬姓，而建国亦在周前。见殷有箕子微子，我遂疑子是殷爵，所谓子自是王子，同姓之号，及后来渐成诸侯之号，乃至一切异姓亦如此称。我疑凡号子者大多是殷封之国，亦有蛮夷私效之。要均与周室无关系。（吴子楚子解见后。）

且看子一字之降级：

诸　　　侯——微　子，箕　子。

诸侯之大夫——季文子，赵简子。

士　　　人——孔　子，孟　子。

乃　至　于——小　子，婊　子。

这恰如老爷等名词之降级。明朝称阁学部院曰老爷，到清朝末年虽县知事亦不安于此而称大老爷。

侯 至于侯，我们应该先去弄侯字古来究如何写法，如何讲法。殷亦有鬼侯、鄂侯、崇侯；鬼、鄂、崇，皆远方之邑，或者所谓侯者如古德意志帝国（神圣罗马帝国）之边侯（Markgraf）。在殷不特不见得侯大于子，而且微子箕子容或大于鬼侯鄂侯。周定后，不用子封人而一律用侯。以"新鬼

176

大，故鬼小"之义，及"周之宗盟，异姓为后"之理，侯遂跑到子上。

同姓侯甚多，凡姬姓的非侯即伯。其异姓之侯，如齐本是大国，另论；如陈是姻戚，如薛也是周"先封"，都是些与周有关系的。

伯　这一件最奇。伯本与霸同字，应该很大。且受伯封者，如燕伯，召公之国也；如曹伯，"文之昭也"；如郑伯，平王依以东迁者也；如秦伯，周室留守，助平王东迁者也。然而爵均小于侯，岂不可怪。我疑心伯之后于侯，不是由于伯之名后于侯，而是由于封伯爵者多在后；或者伯竟是一个大名，愈后封而号愈滥，遂得大名，特以后封不能在前耳。

男　苦想只想到一个许男，或者由来是诸侯之诸侯？

以上的话只是凭空想，自然不能都对，但五等爵绝非一源，且甚参差耳。

太伯入荆蛮，我疑心是伦常之变。伦常之变，本是周室"拿手好戏"，太王一下，周公一下，平王又一下。因太伯不得已而走，或者先跑到太王之大仇殷室，殷室封他为子爵，由他到边疆启土，所以武王伐纣时特别提出这件事，"惟四方之多罪逋逃是崇是用"。言如此之痛，正因有他之伯祖父在也。（《牧誓》亦正不可信，此地姑为此戏想耳。）吴既不在周列，周亦莫奈他何，遂于中国封虞。吴仍其子爵，至于寿梦。吴民必非中国种，只是君室为太伯虞仲后耳。虞仲应即是吴仲。

　　齐太公的故事，《史记》先举三说而不能断。我疑心齐本是东方大国，本与殷为敌，而于周有半本家之雅（厥初生民，时惟姜嫄），又有亲戚（爰及姜女，聿来胥宇），故连周而共敝殷。《商颂》"相土烈烈，海外有截"，当是有汤前已有了北韩辽东，久与齐逼。不然，箕子以败丧之余，更焉能越三千里而王朝鲜；明朝鲜本殷地，用兵力所不及，遂不臣也。齐于周诸侯中受履略（最？）大，名号最隆——尚父文王师一切传说，必别有故。且《孟子》《史记》均认齐太公本齐人，后来即其地而君之。且《史记》记太公世家，太公后好几世，直到西周中晚，还是用殷法为名，不同周俗，可见齐自另一回事，与周之关系疏稀。《檀弓》所谓太公五世返葬于周，为无稽之谈也。（如果真有这回事，更是以死骨为质的把戏。）齐周夹攻殷，殷乃不支，及殷被堪定，周莫奈齐何，但能忙于加大名，而周公自命其子卜邻焉。

　　世传纣恶，每每是纣之善。纣能以能爱亡其国，以多力亡其国，以多好亡其国，诚哉一位戏剧上之英雄，虽Siegfried何足道哉。我想殷周之际事可作一出戏，纣是一大英雄，而民疲不能尽为所用，纣想一削"列圣耻"，讨自亶父以下的叛虏，然自己多好而纵情，其民老矣，其臣迂者如比干，鲜廉寡耻如微子，箕子则为清谈，诸侯望（皆？）包藏阴谋，将欲借周自取天下，遂与周合而夹攻，纣乃以大英雄之本领

178

与运命争；终于不支，自焚而成一壮烈之死。周之方面，毫无良德，父子不相容，然狠而有计算，一群的北虏自有北虏的品德。齐本想不到周能联一切西戎南蛮，牧誓一举而定王号。及齐失望，尚想武王老后必有机会，遂更交周。不料后来周公定难神速，齐未及变。周公知破他心，遂以伯禽营少昊之墟。至于箕子，于亡国之后，尚以清谈归新朝，一如王夷甫。而微子既如谯周之劝降，又觉纣死他有益耳。

这篇笑话，自然不是辩古史，自然事实不会如此。然遗传的殷周故事，隆周贬纣到那样官样文章地步，也不见得比这笑话较近事实。

越想越觉世人贬纣之话正是颂纣之言。人们的观念真不同；伪孔五子之歌上说，"内作色荒，外作禽荒，甘酒嗜音，峻宇雕墙"，此正是欧洲所谓Prince之界说，而东晋人以为"有一必亡"。内作色荒是圣文，外作禽荒是神武，甘酒嗜音是享受文化，峻宇雕墙是提倡艺术，有何不可，但患力不足耳。

周之号称出于后稷，一如匈奴之号称出于夏民。与其信周之先世曾窜于戎狄之间，毋宁谓周之先世本出于戎狄之间。姬姜容或是一支之两系，特一在西，一在东耳。

鲁是一个古文化的中心点，其四围有若干的小而古的国。曲阜自身是少昊之墟。吴容或为民族名，有少昊必有太昊，犹大宛小宛，大月氏小月氏也。我疑及中国文化本来自东而西：九河济淮之中，山东辽东两个半岛之间，西及河南东部，是古文化之渊源。以商兴而西了一步，以周兴而更西了一步。不然，此地域中何古国之多也。齐容或也是一个外来的强民族，遂先于其间成大国。

齐有齐俗，有齐宗教，虽与鲁近，而甚不同。大约当年邹鲁的文化人士，很看不起齐之人士，所以孟子听到不经之谈，便说是"齐东野人之语也"，而笑他的学生时便说："子诚齐人也，知管仲晏子而已矣"，正是形容他们的坐井观天的样子。看来当年齐人必有点类似现在的四川人，自觉心是很大的，开口苏东坡，闭口诸葛亮，诚不愧为夜郎后世矣。鲁之儒家，迂而执礼。齐之儒家，放而不经。如淳于、邹衍一切荒唐之词人，世人亦谓为儒家。

荆楚一带，本另是些民族，荆或者自商以来即是大国，亦或者始受殷号，后遂自立。楚国话与齐国话必不止方言之不同，不然，何至三年庄岳然后可知？孟子骂他们鴃舌，必然声音很和北方汉语不类。按楚国话存在到现在者，只有谓乳，"穀"，谓虎，"于菟"二语。乳是动词，必时有变动；而虎是静词，尚可资用。按吐蕃语虎为Stag，吐蕃语字前之S每在同族语中为韵，是此字易有线索，但一字绝不能为证耳。又汉西南夷君长称精夫，疑即吐蕃语所谓Rgyal-po，《唐书》译为赞普者。《汉书·西南夷传》有几首四字诗，〔汉夷〕对记，假如人能精于吐蕃语、泰语、缅甸语，必有所发现。这个材料最可宝贵。楚之西有百濮，今西藏自称曰"濮"。又蛮闽等字音在藏文为人，或即汉语民字之对当？

总之，文献不足，无从征之。

秦之先世必是外国，后来染上些晋文化，但俗与宗教想必同于西戎。特不解西周的风气何以一下子精光？

狄必是一个大民族。《左传》《国语》记他们的名字不类单音语。且说到狄，每加物质的标记，如赤狄、白狄、长狄等等。赤白又长，竟似印度日耳曼族的样子，不知当时吐火罗等人东来，究竟达到什么地方。

应该是中国了，而偏和狄认亲（有娀，简狄）。这团乱糟糟的样子，究竟谁是诸夏，谁是戎狄？

中国之有民族的、文化的、疆域的一统，至汉武帝始全功，现在人曰汉人，学曰汉学，土曰汉土，俱是最合理的名词，不是偶然的。秦以前本不一元，自然有若干差别。人疑生庄周之土不应生孔丘。然如第一认清中国非一族一化，第二认清即一族一化之中亦非一俗，则其不同亦甚自然。秦本以西戎之化，略收点三晋文俗而统一中国。汉但接秦，后来鲁国齐国又渐于文化上发生影响。可如下列看：

统一中国之国家者——秦。

统一中国之文教者——鲁。

统一中国之宗教者——齐。

统一中国之官术者——三晋。

此外未得发展而压下的东西多得很啦。所以我们觉得汉朝的物事少方面，晚周的物事多方面。文化之统一与否，与政治之统一与否相为因果；一统则兴者一宗，废者万家。

（五）补说（《春秋》与《诗》）

承颉刚寄我《古史辨》第一册，那时我已要从柏林起身，不及细看。多多一看，自然不消说如何高兴赞叹的话，前文已说尽我所能说，我的没有文思使我更想不出别的话语来说。现在只能说一个大略的印象。

最可爱是那篇长叙，将来必须更仔细读它几回，后面所附着（第二册拟目，看了尤其高兴，盼望巴不得马上看见）。我尤其希望的是颉刚把所辨出的题目一条一条去仔细分理，不必更为一般之辨，如作"原经"一类文章。从第二册拟目看来，颉刚这时注意的题目在《诗》，稍及《书》。希望颉刚不久把这一堆题目弄清楚，俾百诗的考伪孔后更有一部更大的大观。

我觉得春秋三传问题现在已成熟，可以下手了。我们可以下列的路线去想：

（一）《春秋》是不是鲁史的记载？这个问题很好作答，把二百多年中所记日食一核便妥了。

（二）左氏经文多者是否刘歆伪造？幸而哀十四年有一日食，且去一核，看是对否。如不对，则此一段自是后人意加。如对，则今文传统说即玄同先生所不疑之"刘歆伪造"

182

堕地而尽。此点关系非常之大。

（三）孔子是否作《春秋》？此一点我觉得竟不能决，因没有材料。但这传说必已很久，而所谓《公羊春秋》之根本思想实与《论语》相合。

（四）孟子所谓《春秋》是否即今存之断烂朝报？此一段并非不成问题。

（五）春秋一名在战国时为公名，为私名？

（六）《公羊传》思想之时代背景。

（七）《公羊传》大义由《传》《繁露》，到何氏之变迁，中间可于断狱取之。

（八）《穀梁》是仿《公羊传》而制的，或者是一别传？

（九）《史记》与《国语》的关系。

（十）《史记》果真为古文家改到那个田地吗？崔君的党见是太深的，绝不能以他的话为定论。

（十一）《左氏传》在刘歆制成定本前之历史。此一端非常重要。《左传》绝不是一时而生，谅亦不是由刘歆一手而造。我此时有下一个设想：假定汉初有一部《国语》，又名《左氏春秋》，其传那个断烂朝报者实不能得其解，其间遂有一种联想，以为《春秋》与《国语》有关系，此为第一步。不必两书有真正之银丁扣，然后可使当时人以为有关系，有此传说，亦可动当时人。太史公恐怕就是受这个观念支配而去于《史记》中用其材料的，这个假设小，康

183

崔诸君那个假设太大。公羊学后来越来越盛，武帝时几乎成了国学。反动之下，这传说亦越进化，于是渐渐地多人为《国语》造新解，而到刘向刘歆手中，遂成此《左氏传》之巨观。古文学必不是刘歆一手之力，其前必有一个很长的渊源。且此古文学之思想亦甚自然。今文在当时成了断狱法，成了教条，成了谶纬阴阳，则古文之较客观者起来作反动，自是近情，也是思想之进化。

（十二）《左传》并不于材料上是单元。《国语》存本可看出，《国语》实在是记些语。《左传》中许多并不是语，而且有些矛盾的地方。如吕相绝秦语文章既不同，而事实又和《左传》所记矛盾。必是当年作者把《国语》大部分采来做材料，又加上好些别的材料，或自造的材料。我们要把它分析下去的。

（十三）《左传》《国语》文字之比较。《左传》《国语》的文字很有些分别，且去仔细一核，其中必有提醒人处。

（十四）东汉《左氏》传说之演进。左氏能胜了公羊，恐怕也有点适者生存的意思。今文之陋而夸，实不能满足甚多人。

（十五）古《竹书》之面目。

现在我只写下这些点。其实如是自己做起功来，所有之假设必然时时改变。今文古文之争，给我们很多的道路和提醒。但自庄孔刘宋到崔适，都不是些极客观的人物，我们必须把他所提醒的道路加上我们自己提醒的道路。

现在看《诗》，恐怕要但看白文，训诂可参考而本事切不可问。大约本事靠得住的如硕人之说庄姜是百分难得的；而极不通者一望皆是。如君子偕老为刺卫宣姜，真正岂有此理。此明明是称赞人而惜其运命不济，故曰"子之不淑"，犹云"子之不幸"。但论白文，反很容易明白。

诗的作年，恐怕要分开一篇一篇地考定，因为现在的"定本"，样子不知道经过多少次的改变，而字句之中经流传而改变，及以今字改古字，更不知有多少了。《颂》的作年，古文家的家论固已不必再讨论。玄同先生的议论，恐怕也还有点奉今文家法罢？果如魏默深的说法，则宋以泓之败绩为武成，说"深入其阻，衺荆之旅"，即令自己不觍厚脸皮，又如何传得到后人。且殷武之武，如为抽象词，则哀公亦可当之，正不能定。如为具体词，自号武王是汤号。且以文章而论，《商颂》的地位显然介于邹鲁之间，《周颂》自是这文体的初步，《鲁颂》已大丰盈了。假如作《商颂》之人反在作《鲁颂》者之后，必然这个人先有摹古的心习，如宇文时代制诰仿《大诰》，石鼓仿《小雅》，然后便也。但即令宋人好古，也未必有这样心习。那么，《商颂》果真是哀公的东西，则《鲁颂》非僖公时物了。玄同先生信中所引王静庵先生的话，"时代较近易于摹拟"，这话颇有意思，并不必如玄同先生以为臆测。或者摹拟两个字用得不妙。然由《周颂》到《商颂》，由《商颂》到《鲁颂》，文体上词言上是很顺叙，反转则甚费解。

《七月》一篇必是一遗传的农歌；以传来传去之故，而成文句上极大之Corruption，故今已不顺理成章。这类诗最不易定年代，且究是《豳风》否也未可知。因为此类农歌，总是由此地传彼地。《鸱鸮》想也是一个农歌；为鸟说话，在中国诗歌中有独无偶。《东山》想系徂东征戍者之词，其为随周公东征否则未可知。但《豳风》的东西大约都是周的物事，因为就是《七月》里也有好些句与二《南》、《小雅》同。《大雅》《小雅》十年前疑为是大京调小京调。风雅本是相对名词，今人意云雅而曰风雅，实不词（杜诗"别裁伪体亲风雅"），今不及详论矣。

《破斧》恐是东征罢敝国人自解之言如是。后人追叙，恐无如此之实地风光。《破斧》如出后人，甚无所谓。下列诸疑拟释之如下：

如云是周公时物，何以《周诰》如彼难解，此则如此易解？答，诰是官话，这官话是限于小范围的，在后来的语言上影响可以很小。诗是民间通俗的话，很可以为后来通用语言之所自出。如蒙古白话上谕那末不能懂，而元曲却不然，亦复一例。且官书写成之后，便是定本，不由口传。诗是由口中相传的，其陈古的文句随时可以改换，故显得流畅。但虽使字句有改换，其来源却不以这字句的改换而改换。

周公东征时称王，何以……（未完）

抄到此地，人极倦，而船不久停，故只有付邮。尾十多张，待于上海发。

抄得既潦草，且我以多年不读中国书后，所发议论必不妥者多，妥者少。希望不必太以善意相看。

弟斯年

颉刚案：傅孟真先生此书，从一九二四年一月写起，写到一九二六年十月三十日船到香港为止，还没有完，他归国后，我屡次催他把未完之稿写给我；无奈他不忙便懒，不懒便忙，到今一年余还不曾给我一个字。现在周刊需稿，即以此书付印。未完之稿，只得过后再催了。书中看不清的草书字甚多，恐有误抄，亦俟他日校正。

一九二八、一、二

（原刊民国十七年一月国立第一中山大学语言历史学研究所周刊第二集第十三、十四期）